쇼펜하우어
인생 편의점

옮긴이 **김문성**

중앙대학교 교육학과를 졸업하고 미국에서 어학연수를 마쳤으며 귀국한 뒤 출판사, 잡지사 등에서 근무했다. 이후 전문 번역가로 활동하였으며 다시 미국으로 건너가 공부와 작가 생활을 병행하고 있다. 번역서로 『걸리버 여행기』『지그문트 프로이트』『알프레드 아들러』『아들러 심리학 입문』『아들러 심리학 활용』『심리학이란 무엇인가』『좋은 인생 좋은 습관』『30대에 다시 읽는 동화』『마흔에 읽는 그림 형제 동화』『유식의 즐거움』 외 다수가 있다. 지은 책으로 『처음 공부하는 독심술』『마음공부』『이기는 심리학 1·2』『마법의 거짓말』『심리학의 탄생』이, 엮은 책으로는 『1분이면 충분하다』『심리학 개론』『교양의 즐거움』『심리학의 즐거움』『이렇게 이겨라』 등이 있으며, 『독서와 논술』의 주요 집필진으로 참여했다.

쇼펜하우어 인생 편의점

초판 인쇄 2024년 1월 7일
초판 발행 2024년 1월 17일

지은이 아르투어 쇼펜하우어
옮긴이 김문성
펴낸이 김상철
발행처 스타북스
등록번호 제300-2006-00104호
주소 서울시 종로구 종로 19 르메이에르종로타운 B동 920호
전화 02) 735-1312
팩스 02) 735-5501
이메일 starbooks22@naver.com

ISBN 979-11-5795-719-4 03160

쇼펜하우어 인생 편의점

내 삶의 철학이 되는 지혜의 모든 것

내게 질풍 같은 용기와 지혜가 파도처럼 밀려오기를!

아르투어 쇼펜하우어 지음 김문성 옮김

"나에게 용기와 영감을 안겨준 인물은 쇼펜하우어였다"

다윈 · 톨스토이 · 니체 · 프로이트 · 아인슈타인 · 융 · 헤세 · 카프카

스타북스

prolog

쇼펜하우어를 읽는 데는 그럴만한 이유가 있다

아르투어 쇼펜하우어는 세상을 살아가는 모든 삶에는 괴로움이나 고통 그리고 슬픔을 필연적으로 동반하지만, 그것이야말로 인생을 살아가는 진정한 힘이라고 했다. 그래서 현명한 사람은 기쁨을 찾기보다 슬픔이 없기를 바라는 사람이라고 말했다.

"가족이나 주변 사람에게 잘해 주기만 하면 고마움을 느끼지 못한다. 원래 친절한 사람이니 그 정도는 당연하다고 생각하기 마련이다. 호의가 계속되면 그게 권리인 줄 안다."라든가 "인간은 배신하는 존재다. 따라서 타인에게 지나치게 관대하게 대하지 마라. 안 좋았던 관계를 회복하려고 굳이 노력해봤자 좋을 게 없다."라는 말들은 쇼펜하우어가 인간 내면에 깊이 숨어있는 본성을 얼마나 정확히 꿰뚫어 보고 있는지를 알 수 있다.

쇼펜하우어는 도덕적이고 추상적이고 고상한 말보다 지금 이 순간 현재를 살아가는 우리에게 가장 필요한 지혜를 주고 있다. 그는 현실에서 일어나고 있는 문제들의 해법을 힘들이

지 않고 해결할 방법을 알려주는 실전 철학자로 통한다. 따라서 이 책은 인문학 자기계발서라 할 수 있다.

세계적인 지식인으로 꼽히는 다윈, 톨스토이, 니체, 프로이트, 아인슈타인, 융, 헤세, 카프카 같은 인물들은 "나에게 용기와 영감을 안겨준 인물은 쇼펜하우어였다"라고 그를 극찬했다. 톨스토이의 서재에는 단 하나의 초상肖像만이 걸려있는데 그것이 바로 쇼펜하우어의 초상화라고 한다.

쇼펜하우어의 말이 지금 이 시대에 꼭 필요한 이유는 현대인들이 풍요 속의 빈곤, 군중 속의 고독을 겪으면서 과시적 삶에 지쳐 있기 때문이다. 천 번을 흔들려야 어른이 된다는데 만 번이 흔들려도 중심을 잡기가 힘든 게 현실이다. 이런 우리에게 쇼펜하우어는 "남을 신경 쓰지 말고, 호감 가는 사람이나 좋은 사람이 되기를 포기하라"고 말한다. 출세 등 타인의 기준이 아닌, 나만의 기준으로 인생을 살고 오직 나를 위해 내 자존감을 높이는 삶을 살라는 것이다. 200년의 세월이 흘러서도 여전히 우리의 마음속 깊이 새겨져 있는 그의 10

대 어록을 살펴보자.

많은 시행착오를 거치지 않는 한
참된 능력은 발휘되지 않는다.

지식 없는 경험은 무가치하며 경험 없는 지식은 무용하다.

지혜로운 사람은 과거로부터 배우고 미래를 준비한다.

가장 중요한 것은 가장 중요한 것을 우선 처리하는 것이다.

세상이 당신을 평가할 때보다
당신이 세상을 평가할 때가 중요하다.

당신 자신이 자신의 한계를 믿으면 그게 한계가 된다.

당신의 행동이 당신의 가치를 결정한다.

지혜로운 사람은 생각과 말 사이에 간격을 유지한다.

내가 나를 포용하면 세상도 당신을 포용한다.

세상은 언제나 단순함이 복잡함을 이기게 한다.

위와 같이 쇼펜하우어는 내가 세상의 중심이고 내가 행복하기 위해서는 남의 시선이나 불편한 말은 신경 쓸 필요가 없다는 것이다. 인생이라는 길에 꽃길은 없으며 험한 길이 일상이라는 것을 깨닫고 거기서 오는 고통과 위험까지도 즐기라고 했다.

쇼펜하우어는 삶을 사랑하고, 사람을 좋아하고, 성공을 갈망했기에, 고독을 찬양하고, 예의를 중시하고, 권태를 증오했다. 그는 "산다는 것은 괴로운 것"이라고 하면서도 "삶의 지

혜는 즐겁고 행복하게 사는 기술"이라고 말했다.

《쇼펜하우어 인생 편의점》은 우리 주변 어디에서나 쉽게 찾을 수 있는 편의점에서 인생을 살아가는 데 있어서 필요한 모든 것을 구할 수 있다는 의미를 담고 있다.

지금 같은 불안의 시대를 사는 현대인들에게 무조건 좋은 말만 해주는 것보다 이런 불편한 말을 해주는 것이 삶에는 더 힘이 된다고 믿는다. 좋은 약이 쓰듯 듣기 좋은 말은 약이 되지 않는다. 쇼펜하우어의 깊은 체험적 진리가 담긴 이 책이 독자들에게도 삶의 쓴 약이 될 것이고 그 쓰디쓴 맛이 여러분을 살게 할 것이다.

청룡의 해를 시작하며

김문성

contents

나 자신을 위하여

Chapter 2

운명의 여신은 두 팔 벌려 맞이하라

PART 2

Chapter 3

슬픔은 어떻게 삶의 지혜가 되는가

처세에 관하여

Chapter 4

삶의 무기가 되는 인간관계를 그려라

PART 3

Chapter 5

진짜 인생은 괴로움과 위기를 동반한다

인생에 대하여

Chapter 6

철학적 사색을 낳은 죽음에 대하여

24

PART 1

나 자신을 위하여

Chapter 1

내 안에 숨겨진 이기적 유전자를 깨워라

쇼펜하우어
인생 편의점

1 한눈에 볼 수 있는 인생 설계도를 그려라

어느 건물을 세우려고 일을 하는 일꾼들이 전체의 계획에 대하여 알지도 못하고, 건물 전체의 설계도를 모르듯, 인간도 하루하루의 생활을 영위해 나가면서 자기 자신의 인생 전체와 그 성격을 다 알면서 살아가는 것은 아니다.

인생이 가치가 있고 계획이 개성적일수록 이 인생의 설계를 때로는 한눈에 바라볼 필요가 있다.

이를 위해서는 물론 그가 손댄 일에 대하여 '자기 자신을 알라'는 격언 그대로, 비록 소규모일지라도 자기가 다른 모

든 것을 덮어 두고 가장 바라는 것이 무엇인가를 알아야 한다. 다시 말해서 자기의 행복에 대하여 가장 본질적인 것이 무엇인지 알고 나서 제2, 제3의 지위를 차지하는 것을 알아야 하고, 자기의 직업과 역할 그리고 이 세상과 자기 자신이 어떤 관계에 있는지를 알 필요가 있다. 이것은 매우 중요한 일이며 자기 자신의 인생을 한눈에 바라본다는 것은 무엇보다도 자신에게 확신을 불어넣어 곁길로 가는 것을 막아 줄 것이다.

여행하는 사람이 어떤 고지에 이르렀을 때 비로소 지나온 길의 그 모든 과정과 우여곡절을 통틀어 한눈에 훑어보는 것처럼 우리는 각자 생애의 어느 한 시기의 끝이나, 또는 전 생애의 맨 나중에 가서, 우리의 행위와 업적과 작품 등에 대한 진정한 관련이나 이것들의 정밀한 인과관계와 연결의 가치까지도 인식하게 된다.

우리가 이 일에 종사하고 있는 동안은 단지 동기의 영향으로 자기의 성격이나 자기 능력에 따라, 하나에서 열까지 그 필연성에 의해 행동한다는 것을 알아야 한다. 그리고 우리는 모든 순간을 우리에게 정당하고 적당하다고 생각되는 일을 할 따름이다. 결과가 그렇게 되어야만 그때 이루어진 것이

'무엇'인지 알 수 있으며, 전체의 성과를 돌아보고 비로소 '어떻게 해서'와 '무엇에 의해서' 일이 되었는지 알게 마련이다.

그러므로 우리가 위대한 행위를 하거나 혹은 훌륭한 작품을 제작하면서도 그와 같은 것으로는 의식하지 않고, 단지 우리의 당면한 목적에 부합되는 것과 그때그때의 우리 의도에 적합한 것을 현재의 올바르고 당연한 것으로 의식할 뿐이다.

그리고 이것이 하나의 전모를 갖추게 되면, 그 후에 우리의 성격과 여러 가지 능력이 빛나게 되는 것이다. 이것은 개별적으로 생각해 보면, 마치 우리가 어떤 영감에 의해 성취한 듯이 느끼게 된다. 다시 말하면 우리의 수호신에 이끌려 수백 개나 되는 곁길에서 유일한 정도를 걸어온 것처럼 생각하는 경우가 가끔 있다. 이 모든 것은 이론상으로나 실천적으로도 해당하지만, 반대의 의미로는 잘못되었거나 실패한 일에도 해당한다.

인생을 살아가는 지혜에서 가장 중요한 것은 우리의 관심 일부는 현재에, 그리고 나머지 일부는 미래에 쏟는 비율이 올바르게 유지되어, 한쪽을 위하여 다른 쪽을 희생시키지 않는

일이다.

사람 대부분은 현재에만 치중해 사는 경박한 자들이다. 그런가 하면 그 나머지 사람들은 지나치게 미래를 위해 살기 때문에 걱정과 불안에서 헤어나지 못한다. 매우 보기 드문 일이지만, 올바르게 중용을 유지하며 살아가는 사람도 있을 것이다.

언제나 미래를 내다보고, 행복은 앞날에만 있는 것으로 생각하여 현재를 돌보지도 않고 즐기지도 않는 사람은 혼자서 원대한 계획에 따라 지혜를 숭상하고 있는 것으로 자부하더라도, 실은 이탈리아의 노새와 비슷한 족속들이다. 이탈리아에서는 풀잎을 묶어 노새의 머리 앞에 매어 두는데, 노새는 이것만 쳐다보며, 한 발짝만 더 나가면 이 풀잎을 삼킬 수 있을 줄 알고 발길을 재촉하여 잘 걷는다.

그런데 이와 같은 사람들은 자기 생애에 대한 근본적인 태도와 처세의 방도를 그르친 것으로, 언제나 헛된 희망과 기대 속에 일생을 마친다. 그러므로 우리는 장래를 위한 여러 가지 계획이나 걱정으로 마음을 빼앗기지 말아야 한다. 그렇다고 해서 과거를 돌아보고 추억에만 사로잡히지 말고 현재만이 분명한 사실이라는 것을 잊어서는 안 된다. 그 현재와는 달리

미래는 대개 우리가 예상한 것보다 다른 결과를 가져오기 쉬운 것이다. 그뿐만 아니라 과거도 우리가 회상하는 것과는 다른 것이다. 그리고 양쪽이 다 전체로서는 우리에게 보여 주는 것 같은 가치는 없다. 왜냐하면, 먼 거리는 육안에 대해서는 사물을 축소해서 보여 주지만 사유에 대해서는 이를 확대하여 보여 주기 때문이다.

현재만이 유일한 진실이며, 또 현실인 것이다. 그러므로 현재는 사실로 가득 차 있는 '시간'이며, 우리의 존재는 현재 속에 한정되어 있다. 그러므로 우리는 지금 이 순간에 대하여 언제나 쾌활한 마음으로 맞아들여야 하며, 마땅히 견딜 만한, 그리고 직접 느끼는 불쾌하거나 고통에서 벗어난 시간은 그 가치를 충분히 인정하여 이를 즐기도록 할 일이다. 이는 결코 과거에 대한 후회나 미래에 대한 걱정으로 모처럼 가지고 있는 평안한 현재를 우울하게 만들어서도 안 된다. 우리가 마땅히 환영해야 할 현재를 푸대접하거나 후회나 걱정으로 해서 따분하게 만드는 것은 지극히 못난 짓이며, 걱정이나 후회하는 시간은 얼마든지 짧아도 무방하다. 즉, 지나간 일에 대해서는,

지난 일은 지난 일이므로

지난 일로 내버려 두라

— 호메로스〈일리아스〉

고 생각하고, 미래의 일에 대해서는,

그러나 그것은 신의 마음에 달려 있나니

하고 생각할 일이다.

그러나 현재에 관해서는 '하루를 일생으로 간주하여'(세네카) 그 유일한 현실인 시간을 되도록 즐겁게 보내도록 해야 한다.

우리를 불안하게 만들 권리를 가진 것은, 오는 것도 확실하고, 오는 때도 정확한 것으로 보이는 미래의 재앙뿐이다. 그러나 그와 같은 재앙은 극히 드물게 찾아온다. 대개의 재앙은 있을 수 있다거나, 기껏해야 있을 것 같다거나, 또는 분명히 오긴 올 것 같은데 언제 올지 분명치 않다는 정도에 불과하다.

그러나 사람들이 이 두 가지 것에 신경을 쓰면 벌써 마음

이 편할 사이가 없게 된다. 그러므로 확실치 않은, 또는 정해지지 않은 재앙에 의해 우리가 마음의 평안을 잃는 일이 없도록 해야 한다. 또한, 우리는 언제나 일어날 가능성이 없는 재앙에 대해서는 절대로 오지 않는다고 생각하고, 일어날 가능성이 있는 재앙에 대해서는 곧 닥쳐올 것으로 보고 빈틈없이 대책을 세워야 한다.

사람들이 공포에서 멀리 떠날수록 기대나 욕망 등으로 불안만 늘어갈 뿐이다. 애창된 괴테의 시구 '나는 이제 자기 일에 대해선 전혀 구속을 당하지 않는다.'에 본래의 뜻은, 인간이 모든 욕구에서 떠나 알몸으로 돌아와야 비로소 인간다운 행복의 기초가 되는 정신의 안정을 누릴 자격을 얻게 된다는 것이다. 이 같은 정신의 안정이야말로 우선 현재를, 이윽고 전 생애를 즐길 수 있다는 것을 깨닫는 데 필요한 것이다.

이 목적을 위해 우리는 언제나, 오늘 하루는 오직 한 번밖에 오지 않을 뿐이고, 다시 오는 것이 아님을 명심해야 한다. 그런데 우리는 오늘이라는 날이 내일 또 오는 것으로 잘못 생각하고 있다. 그러나 내일도 오직 한 번밖에 오지 않는 또 다른 하루이다.

그리고 우리는 각각의 하루가 평생 쌓아가는 생애의 둘도

없는 일부임을 잊어버리고, 자칫하면 여러 개체가 일반 개념 아래 포섭되는 듯이 모든 나날이 한 생애 속에 포함되는 것으로 간주해 버리는 것이다. 마찬가지로 우리는 건강한 날에도 병에 걸렸거나 우수에 사로잡혔을 때도 추억이 우리에게 고통도 결핍도 없던 때를 무한히 부러워한다. 우리가 잃어버린 낙원이나 떠나간 친구와 같은 것으로서 보여 주는가를 의식하고 있다면, 현재를 좀 더 가치 있는 것으로 생각하고 이것을 즐기도록 해야 한다.

그런데도 우리는 현재의 아름다운 날들을 느끼지 못하고 낭비해 버리고, 달갑지 않은 날들이 닥쳐왔을 때 비로소 우리는 예전과 같은 날이 돌아와 줬으면 하고 바라는 것이다.

우리는 수천으로 헤아리는 명랑하고 즐거운 시간을 찌푸린 얼굴로 즐기지도 않고 헛되이 보내고 나서, 나중에 우울한 시간이 찾아오면 쓸모도 없는 추억을 품고 사라진 시간을 되돌아보며 한탄을 하는 것이다. 이런 일을 하지 않고서도 우리는 각자 무사한 오늘이 아무리 일상적인 평범한 것이라도 결코 냉대하여 무심히 보내는 일이 없어야 하고, 불안과 초조한 마음으로 이를 푸대접하지 말고 기쁘고 즐거운 마음으로 존중해야 한다. 현재는 시시각각으로 과거라는 전당殿堂으로

사라져 그 속에서 언제나 불멸의 후광後光을 발산한다. 그리하여 세월이 흐르고 그것도 대개는 일이 여의치 않을 때, 기억의 포장이 걷히면 부질없이 추억의 대상이 되어 우리 앞에 나타나는 것이다.

2 인간은 활동 범위를 제한하는 데서 행복을 얻을 수 있다

인간은 활동 범위를 제한하는 데서 행복을 얻을 수 있다. 우리의 시계視界나 활동 무대 그리고 접촉 범위가 비좁을수록 우리는 더욱 행복할 수 있다. 그리고 그것이 넓을수록 우리가 괴로워하고 번거로워하는 빈도가 늘어나는 것이다. 역시 그것들은 걱정과 욕구와 불안을 증가시키거나 확대하기 때문이다. 시각장애인도 우리가 생각하는 것처럼 그렇게 불행하지는 않다는 것은 그들의 부드러운 행동과 표정의 침착성을 보여 주는 것만으로도 알 수 있다.

인생의 전반보다 후반이 더욱 서글퍼지는 것은 오래 살아갈수록 우리의 소망과 활동 범위는 점점 확대되어 간다는 것이다. 어렸을 때는 활동 범위는 가장 가까운 환경과 비좁은 곳에서 인간관계를 맺고 있지만, 청년기에 이르면 점점 확대된다.

그리고 장년기에는 우리의 인생 전체를 포괄하여 때로는 가장 먼 인간관계, 즉 국가나 민족에게까지 확대된다. 그런데 노년기에 와서는 여기에 자손에게까지 포함하게 된다. 그런데도 모든 제한은, 정신적인 제한까지도 우리의 행복에 유효하다. 왜냐하면, 우리에게는 고뇌가 적극성을 띠지만 행복은 다만 소극적인 것이다. 의지의 흥분이 적을수록 고뇌도 적기 때문이다.

우리의 활동 범위를 제한하는 것은 의지를 흥분시키는 외부적 계기를 감소시키는 것이 되며, 정신 활동을 제한하면 그 내적인 것을 감소시킨다. 다만 이런 내적인 제한은 권태의 문을 열어젖히는 불리한 결과를 가져오게 된다.

권태는 수많은 고뇌의 원천이 된다. 우리는 이것을 추방하기 위해 온갖 방도를 생각한다. 가령 여러 가지의 사고, 호사, 도박, 음주 등등으로 우리는 마음의 평정을 누리기가 쉽지 않

다. 내적인 제한과는 달리 외부적인 제한은 인간의 행복에 어느 정도 유익하다기보다 필요 불가결한 것이다. 이것은 행복한 인생을 묘사하려는 유일한 시의 형태인 전원시가 사람들을 으레 본질적으로 극히 조용하고 아늑한 지위와 환경에 놓아두고 표현하는 것을 보아도 분명히 알 수 있다. 우리가 자연미가 있는 풍속도를 보고 쾌감을 느끼는 것도, 단순한 생활이 행복의 요건이라는 것을 직감하기 때문이다.

그러므로 우리의 여러 가지 대외 관계를 되도록 간소화하는 것과 권태를 일으키지 않는 생활을 단순한 형태로 해 나가는 것이 인간을 행복하게 만들 것이다. 간소하고 단순한 생활 자체가 인간의 생활에 무거운 짐을 덜 느끼게 하기 때문이다. 이런 생활은 강물처럼 파도도 일지 않고 소용돌이도 치지 않으면서 조용히 흘러간다.

우리의 행복이나 불행은 결국 마음이 무엇으로 가득 차 있는가는 그 마음이 무엇에 의해 움직이고 있는가에 달려 있다.

우리의 생활은 동요와 노고의 연속이요, 성공과 실패의 교체에 지나지 않으므로 순수하고 지적인 생활을 감당하면서

즐기려면 뛰어난 정신적인 소양이 있어야 한다. 그리고 이 경우에 유의해야 할 것은, 외부적으로 활동하는 생활이 우리의 학구적인 사색에 필요한 마음의 안정과 집중을 훼방하는 것이다. 다른 각도에서 보면 정신적인 일을 계속한다는 것은 인간을 현실 생활의 번거로움에 대처하는 데 무능한 자로 만들기도 한다. 그러므로 현실적인 일을 활발히 해 나가야 할 처지에 놓이게 되면, 잠시 내면생활은 중단하는 것이 좋다.

사리 분별을 완전히 하면서 살아가며, 자기의 경험 때문에 이 경험이 내포하고 있는 모든 교훈을 끄집어내기 위해서는 몇 번이고 다시 생각해 보고, 지금까지 체험하고 시험할 때 느끼고 깨달은 것을 요약해 보아야 한다. 또한, 그 당시의 판단과 지금의 그것을 비교하고, 자기의 계획과 노력을 그 성과와 여기서 비롯되는 만족과 비교해 볼 필요가 있다. 이것은 경험이 각자에게 들려주는 개인적인 과외수업의 복습이다.

그리고 자기 경험을 본문이라고 본다면, 반성과 지식은 이에 대한 주석서이다. 경험이 적고 반성과 지식이 많은 것은, 그 책의 페이지마다 두 줄의 본문에 40행씩이나 주석을 달

아 놓은 것과 같다. 이와는 달리 많은 경험을 하고서도 반성과 지식이 매우 부족한 것은, 주석을 달지 않고 많은 난해한 본문을 그대로 둔 것과 같은 것이다.

피타고라스의 '인간은 밤마다 잠자기 전에, 그날 중에 한 일을 한번 반성해 보아야 한다.'는 말도, 내가 앞에서 말한 권고와 의도는 같은 것이다. 직업이나 오락으로 혼잡을 이룬 생활을 해 나가면서 한 번도 자기의 과거를 반성하거나 깊이 생각해 보지 않고 그날그날을 보내며, 오직 생명의 수레에서 쾌락을 찾아 헤매는 사람은 사려와 분별이 결핍되기 쉽다.

그의 심정은 혼미하고 그의 사상에서 점차로 분규가 일어나, 이로 인해 그의 이야기에 일관된 논리가 서지 않고 단편적이고 두서가 없게 된다. 이러한 경향은 외부에서 오는 불안이나 동요가 심하고, 그의 내면적이고 정신 활동이 적을수록 더 심해지는 것이다.

그리고 상당한 시간이 지나 우리에게 영향을 준 여러 가지 사정이나 처지가 사라진 후에는, 우리는 당시에 그것들에 의해 일어난 기분이나 감정을 불러일으키거나 다시 느낄 수는 없지만, 그래도 우리는 그 당시 이것들에 의해 겪은 일을 상기할 수는 있다는 것을 유의할 필요가 있다. 즉, 이러한 경험

은 그 원인에서 온 결과요, 표현이요, 또한 척도이기도 하다. 그러므로 이러한 기억을 그때그때 기록하여 잘 남겨 두어야 한다. 이를 위해서는 일기가 가장 유효하다.

3 자기 자신이 전부이며 전 재산이다

자기 자신에게 만족하고, 자신에겐 자기 자신이 전부이며 '나는 나의 전 재산을 나와 함께 갖고 다닌다'고 할 수 있다면 행복에 있어서 가장 바람직한 것임이 분명하다. 그러므로 아리스토텔레스의 '행복은 만족하는 자의 것이다.'라는 말은 항시 명심해야만 할 것이다(그리고 이것은 내가 이 논문의 첫머리에 인용한 상포올의 말이 간접적으로 표현한 것과 근본에 있어서 같은 사상이다.). 전적으로 사람들이 의지할 수 있는 것은 오직 자기 자신뿐이며, 누구도 아니다. 또한, 사회가 주는 고뇌와 손실, 위험

과 번거로움은 수없이 많고 피할 수도 없기 때문이다.

행복에 도달하는 길은 상류층의 방종처럼 거꾸로 된 것은 없다. 그것은 우리의 가엾은 존재를 기쁨과 즐거움과 만족으로 바꾸려고 하는 모양이지만, 그때 느끼는 환멸을 막을 도리가 없으며, 그런 생활에 반드시 따르는 상호 기만도 피할 수 없다.

우리의 몸뚱이가 옷으로 싸여 있는 것처럼 우리의 정신은 거짓으로 싸여 있다. 우리의 이야기나 행위, 우리의 모든 거동은 거짓에 가까우며, 사람들이 이 덮개를 통하여 겨우 우리의 진정한 의향을 추측할 수 있는 것은, 마치 옷을 통하여 신체의 모습을 추측할 수 있는 것과 같다.

모든 사교에서 우선 피차의 타협과 조절이 필요한데 이것은 어쩔 수 없는 일이다. 그러므로 사교의 범위가 넓을수록 무미건조하게 된다.

사람들은 다만 혼자 있을 때만 온전히 자기 자신일 수가 있다. 왜냐하면, 사람들은 혼자 있을 때만 자유로우며 고독을 사랑하지 않는 사람은 자유도 사랑하지 않는다는 것이다. 강

요는 모든 사교에서 뗄 수 없는 반려이며, 여러 가지 희생을 요구한다. 이 희생은 본인의 개성이 뛰어나 있을수록 더욱 찾기가 어려워진다.

그러므로 모든 사람은 자기 자신의 자아의 가치에 비례하여 고독을 꺼리거나 견디어 나가야 한다. 매우 드문 일이기는 하지만 때로는 고독을 사랑하는 것이다. 즉, 고독하며 비참한 인간은 자신의 초라함을 어렴풋이 느끼지만, 위대한 정신의 소유자는 자기 자신의 위대성을 그대로 느낀다. 요컨대 모든 사람은 자신의 수준에서 느끼는 것이다.

누구나 높은 지위를 차지할수록 사회에서 더욱 고립하게 되는데, 이것은 본질적으로 불가피한 일이다. 그리고 이때 만일 육체적인 고독이 정신적인 고독에 합치된다면 그로서는 고마운 일이 아닐 수 없다. 그렇지 못할 때 이질적인 사람들에게 둘러싸여 계속해서 그의 일을 훼방한다기보다 오히려 적대적으로 그에게서 그의 자아를 빼앗아 가고 보상으로 주는 것은 하나도 없다. 뿐만 아니라 자연은 인간에게 도덕적으로나 지성적으로 각각 매우 큰 차별을 두고, 사회는 이 차별을 무시하고 모든 사람을 평등하다고 간주한다. 이로 말미암아 자연이 만든 계급과는 무척 다른, 아니 정반대로 배치된

신분과 계급의 인공적인 차별과 계층을 조성하는 것이다.

이 배열에서는, 자연이 낮은 계층에 둔 대다수 사람이 매우 높은 지위를 차지하거나, 자연이 가장 고위층에 들어있는 매우 적은 사람들이 이 경우에 큰 손해를 보게 된다. 그러므로 이들은 사회에서 은퇴하는 것이 습관화되어 사회의 인원이 증가하면 어느 사회에서나 보통의 인간들이 득세하게 되는 것이다.

위대한 정신을 소유한 사람들이 사회를 싫어하는 것은 다른 사람들의 능력이 고르지 않고, 사회적 업적이 불평등한데도 권리와 요구는 평등한 데서 비롯되는 것이다. 이른바 상류층의 모든 우월적 신분은 인정하면서도 정신적인 우월만은 인정하려고 하지 않는다. 그들의 안목으로 보면, 정신적 우월 운운하는 것은 불평분자에 불과한 것이다.

사회는 우리에게 어리석고, 터무니없고, 반대되고, 아둔한 것에 대하여 무한한 인내를 요구하고 있다. 아니, 인격적인 우월이 오히려 열등한 자들에게 용서를 빌어야만 하는 형편이며, 그것이 싫으면 숨어 사는 수밖에 없다. 그렇지 않으면 정신적인 우월은 이를 내세울 만한 것이 못되더라도, 단지 그것이 존재한다는 것만으로 이런 사회의 감정을 해친다.

그러므로 사람들이 소위 상류사회라고 부르는 사회는 우리가 칭찬할 수도 없고, 더구나 사랑할 수도 없는 사람들을 우리에게 받아들이기를 요구한다. 또한, 우리 자신이 자기의 천성에 따라 생존하는 것까지도 허용하지 않고 오히려 남들과 보조를 맞추기 위해 자기의 키를 줄이거나, 스스로 병신구실을 하지 않으면 배겨낼 수 없게 만든다.

그리하여 천재적인 발언이나 사상도 천재들의 사회에서는 허용되지만, 일반 사회에서는 처음부터 배격된다. 이런 사회에서 환심을 사려면 역시 평범하고 어리석어야만 하나에서 열까지 통하는 것이다. 따라서 이런 사회에서 우리는 자기를 남들과 비슷하게 보이기 위해 대담하게 자기를 부정하고, 자기의 4분의 3쯤은 버려야 한다.

정신적으로 뛰어나면 그는 이 사회에서는 이득보다 손해를 더 보게 마련이다. 이런 밑지는 장사로 결국 인생에서도 손해만 보게 된다는 것을 알 수 있을 것이다. 세상 사람들은 지급 능력이 없으니까, 다시 말해서 그들은 사교에서 권태와 번거로움과 불쾌와 그리고 천재에게 강요하는 자기 부정에 대하여 보상할 만한 것을 하나도 갖고 있지 않다는 것이다.

그러므로 사회는 그것을 고독과 바꿔 버리는 사람에게 장

사를 잘 할 수 있도록 만들고 있다고 하겠다. 그리고 사회는 진정한 우월의 보상을 위해 그릇된, 인습적인, 멋대로의 기준에 따른, 그리고 전통적으로 상류사회에 널리 퍼져 있는 변덕스러운 우월을 내세우고 있다. 즉, 이 우월은 예절이 바르다거나, 기품이 고상하다거나, 유행을 따르고 있다거나 하는 부류이다. 그러나 이런 우월이 진정한 우월과 갈등을 빚어내면, 그것은 자신의 약점을 대뜸 드러내어 버린다. 이런 상류계급의 바람이 거세면 양식良識은 후퇴하게 마련이다.

대체로 모든 사람은 자기 자신에게만 완전히 공명共鳴하는 법이며, 자기 친구나 애인에게도 그렇지 못하다. 개성과 기분의 차이는 언제나 사소한 것이라도 불협화음을 내기 때문이다. 그러므로 건강에 대하여, 이 세상에서 최고의 보화인 참된 마음의 평화와 완전한 심정의 평정은 다만 하나의 고독 속에서만, 그리고 지속되는 기분으로서는 다만 가장 깊은 은퇴 속에서만 찾아볼 수 있다. 그러므로 그 사람의 자아가 위대하고 풍부할수록 이 빈약한 지상에서 발견할 수 있는 최고의 행복을 누리게 되는 것이다.

또 한 가지 특별히 말하고 싶은 것은 우정과 연애와 결혼이 인간을 아무리 긴밀히 결합하더라도 모든 사람은 결국 자

기 자신을 상대로 해서만 정직할 수 있다는 것이다. 인간은 객관적 또는 주관적인 조건에 따라 다른 사람들과 접촉할 필요가 적을수록 그만큼 다행한 것이다. 고독한 생활에 따르는 모든 손실은 미리 손을 써서 대책을 세울 수 있으나, 사회는 매우 음험하여 오락이나 여론이나 사교적인 향락의 그늘에 커다란 불치의 재앙을 숨기고 있어야 한다. 젊은이들은 하나의 중요한 연구 사항으로서 고독을 견디는 법을 배워야 한다. 이것은 행복과 마음의 평화를 이루는 원천이 되기 때문이다.

이와 같은 모든 것으로부터 오직 자기만을 의지하고, '자기 자신이 일체를 품에 거느릴 수 있는 사람이야말로 행복과 마음의 평화를 가장 많이 누릴 수 있다.'는 것을 추론할 수가 있다.

시세로는 또 이렇게 말하였다.

"오직 자기를 의지하고, 자기 자신 속에 모든 것을 소유하는 사람이, 완전히 행복하지 못하다는 것은 있을 수 없는 일이다."(패러독스)

그리고 인간이 자신에게 충실할수록 그에게는 다른 사람들이 그만큼 가치가 적어 보인다. 완전히 만족을 누리는 감정은 내적인 가치로 부유한 자가 타인과 협동하거나, 이 협동이

요구하는 큰 희생을 거부한다. 자기 부정까지도 곁들여서 이 희생이 요구되기 때문이다.

이와 반대되는 것은 일반 사람들을 사교적으로 만들고 또 타협적으로 성격으로 만들어 나가게 한다. 물론 이런 사람들은 자기 자신에 대하여 참는 것보다 다른 사람들에 대하여 참는 것이 쉬운 일이다.

한 마디 더 첨부하자면 실제로 훌륭한 사람은 세상에서 존경을 받지 못하고, 존경을 받는 사람은 아무 쓸모도 없다는 것이다. 이 세상의 모든 탁월한 사람들이 은퇴하여 사는 것은 이것을 입증해 주고 있다.

자기의 정당한 주관을 가진 사람이 오직 자기의 자유를 수호하거나, 혹은 확대를 위해 필요할 경우 자기 요구를 축소한다. 그래도 그는 세상과 동떨어져 살 수는 있다. 그리고 생활을 되도록 간단히 해 나간다면, 그 사람은 참으로 처세의 지혜를 가진 사람이라 하겠다.

다른 각도에서 보면, 인간을 사교적으로 만드는 것은 그들에게 고독을 참아 나가거나 고독 속에 자기를 가두어 나갈 만한 능력이 없는 데서 비롯되는 것이다. 내면적인 공허와 권태는 그들을 사교로 몰아넣을뿐더러 낯선 땅으로 여행을 떠

나게도 한다. 그들의 정신에는 스스로 자기에게 운동을 일으킬 만한 힘이 없으므로 그들은 술에 의해 그 힘을 얻으려고 하며, 결국은 많은 사람이 주정뱅이가 되어버리는 것이다. 그리하여 그들은 외부로부터 끊임없이 흥분을, 그것도 매우 강렬한 흥분이 있어야 한다. 이 흥분이 없으면 그들의 정신은 그 자체의 무게에 짓눌려 일종의 무거운 잠에 빠지게 되기 마련이다.

누구나 다 아는 바와 같이 재앙은 사람들이 협동하여 참아 나가는 데서 줄어든다. 사람들은 권태를 이 재앙 속에 넣고 있는 모양이다. 그러므로 사람들은 권태 때문에 모여들어 협동한다. 생명에 관한 애착은 본질적으로 죽음에 대한 공포에 불과한 것처럼, 인간의 사교 본능도 그 근본은 직접적인 본능이 아니다. 왜냐하면, 사교를 사랑하기 때문이 아니라 고독이 무섭기 때문이다. 아무튼, 사교에서 요구되고 있는 것은, 남들의 호의를 갖고 눈앞에 있어 줄 뿐만 아니라 자기의식의 단조로움을 느끼게 마련인 고독의 쓸쓸함과 갑갑증을 함께 느끼는 것이다.

이런 것들에서 벗어나기 위해 사람들은 고약한 사회에서

도 번거로운 일이나, 모든 사회에 반드시 수반되는 강제도 감수해야 한다.

이와 반대로, 이 모든 일에 대한 혐오가 승리를 거두면 그 결과 고독의 습관과 그 직접적인 인상에 대한 단편으로 말미암아 고독이 벌써 앞에서 말한 작용을 일으키지 않는다. 그렇게 되면 사람들은 사교에 열을 올리지 않고 매우 즐거운 기분으로 계속해서 혼자 살아갈 수 있는 것이다. 이것이야말로 사교에 대한 요구가 본질적인 것이 아니며, 다른 각도에서 보면, 인간은 고독의 여러 가지 특질에 익숙해질 수 있다는 이유이다.

마찬가지로 이렇게도 말할 수 있을 것이다. 그들은 각자 다만 인류라는 이념의 한 조그마한 분수에 지나지 않으므로 어느 정도까지 하나의 완전한 의식이 생기려면 타인에 의해 많은 보충을 할 필요가 있다. 그런데 한 사람의 온전한 인간은 탁월한 인간으로, 하나의 단위를 표시하고 분수로 나타나지 않기 때문에 자기 스스로 충분히 만족한 것이다.

이런 의미에서 일반 사회를 저 러시아의 단음 악기인 호른 뮤직에 비교할 수가 있다. 이 음악에서 호른은 단지 한 가지

소리를 낼 뿐이며, 호른의 정확한 화음에 의해서만 하나의 아름다운 곡이 연주되는 것이다.

일반 사람들의 감관感官과 정신은 이와 같은 단음의 호른처럼 단조로워서 그들의 대부분은 어떤 다른 사상을 생각해 낼 만한 능력이 없다. 따라서 언제나 한 가지 사상만 갖게 되고 같은 사상을 갖게 마련이다.

이것으로 그들이 권태를 느껴 못 견디는 까닭을 알 수 있으며, 그들이 그토록 사교적이고 즐겨 떼를 지어 살아가는 사교성도 설명할 수가 있다. 그들은 자기 자신의 본성이 단순해서 각자 자기 자신이 주체스러워 견디지 못하는 것이다. 따라서 어리석은 자들은 권태에 시달린다. 그들은 서로 모여들어 단체를 만들지 않고서는 아무것도 하지 못한다. 저 나팔수처럼 말이다.

이와 반대로 정신력이 풍부한 사람은 자기 연주회를 혼자서 개최하는 명수거나 혹은 피아노와 비교할 수 있다. 즉, 피아노가 그 자신과 하나의 합주 악인 것처럼 그는 하나의 작은 세계로 이끈다.

모든 사람이 공동 작업으로 간신히 해 나가는 것을 그는 하나의 의식에 통일하여 표현한다. 그는 피아노처럼 교향악

의 한 부분이 아니라 독주와 고독에 적합하다. 그가 다른 사람들과 함께 공동 작업을 해야 하면 그는 피아노에 반주가 따르는 주악으로서 움직인다. 또 성악의 경우라면, 피아노처럼 멜로디의 주동 역할을 할 것이다.

그런데 사교를 즐기는 사람은 이 비유에서, 저들은 질적으로 모자란 것을 양적으로 보충해야 한다고 주장할지도 모른다. 그런 사람은 정신력이 무한한 사람과 어울릴 수 있다면 그것으로 충분할 테지만, 보통 수준의 사람밖에 찾아볼 수 없다면 많은 사람과 어울려 어떤 공동 작업을 하려고 하므로 이런 사람들도 많은 편이 좋다고 생각하게 된다.

인간의 내적인 공허에 대해서는 그만하고, 인간의 추태에 대하여 몇 마디 더 첨부하고 싶은 것이 있다. 어느 때 어떤 이상적인 목적을 세우고 어느 정도 우수한 자들이 모여 하나의 단체를 조직했을 경우 그 결말은 거의 언제나 해충처럼 많은 집단을 이룬다. 곳곳에서는 애초의 목적대로 욕구를 충족시키면서 자기의 권태를, 그리고 사정이 달라지면 자기의 결함도 보충시키려는 생각을 언제나 가지고 있다. 그 천민들이 처음에는 두세 사람씩 침투하다가 나중에는 떼를 지어 밀려와 일을 망쳐 놓거나, 아니면 그것을 처음 계획과는 전혀 반대되

는 것으로 만들어 버릴 정도로 변모시켜 놓는다.

그리고 사교성이란, 인간이 몹시 추울 때 몸을 비벼대어 온기를 더하는 것처럼 인간이 서로 정신적인 체온을 따뜻이 나누는 일이라고 할 수 있을 것이다. 그러나 스스로 많은 온기를 가진 사람은 그럴 필요를 느끼지 않는 법이다. 이런 내용을 담은 나의 이야기가 〈파레르가 운트 파라리포메나〉(제2권의 마지막 장)에 실려 있다.

위에서 말해 온 결론으로서, 모든 사람의 사교성은 그의 지적인 가치와 거의 반비례한다고 말할 수 있다. 그러므로 '저 사람은 사교성이 전혀 없다'고 말할 수 있다. 그러므로 '저 사람은 사교성이 전혀 없다'고 한다면, 그 말만으로는 '저 사람은 위대한 능력을 갖춘 인물'이라고 할 수 있다.

지적으로 높은 지위에 있는 사람에게는 고독이 이중의 이득을 가져온다. 첫째는 자기 자신과 함께 있을 수 있다는 것이고, 둘째는 타인과 함께 있지 않아도 된다는 것이다. 그런데 이 둘째 것이 중요하다. 모든 교제가 얼마나 많은 강제와 번거로움과 또한 위험까지도 따르는가를 잘 생각해 보면 곧 알 수 있을 것이다.

'우리의 고뇌는 모두가 혼자서 있을 수 없다는 데서 오는

것이다'라고 라 브뤼에르1645~1696, 프랑스의 비평가는 말했다.

사교성은 우리에게, 대다수가 도덕적으로 고약하고 지적으로 둔하거나, 아니면 마음이 비뚤어진 자들과 접촉하게 하므로, 위험하다기보다도 차라리 타락시키는 경향을 보인다. 비사교적인 인간이란, 사교를 필요로 하지 않는 사람을 가리킨다. 즉, 사교를 필요로 하지 않을 정도로 많은 것을 자기 자신 속에 갖고 있다는 것은 그만큼 하나의 커다란 행복이다.

우리가 겪는 고뇌의 거의 전부는 사교에서 비롯된다. 행복의 가장 본질적인 요소를 이루는 것 중에서 건강 다음에 속하는 마음의 평정은 모두가 사교에 의해 침해되며, 고독을 유지하지 않으면 보유할 수 없다. 마음의 평정을 누려 행복을 얻기 위해 견유파의 사람들은 모두 소유를 단념했지만, 이와 마찬가지 이유에서 사교를 단념하는 사람은 가장 현명한 수단을 취했다고 할 수 있다. 베르나르댕 드 생 피에르1737~1814, 프랑스의 저술가는 이렇게 적절한 말을 하고 있다.

"음식을 절제하면 건강을 되찾을 수 있고, 되도록 사람을 만나지 않으면 마음의 평정을 얻을 수 있다."고.

그러므로 시간을 내어 고독을 가까이하고, 다시 이것을 사랑하게 된 사람은 금광을 얻은 것과 다름없는 이득을 본 셈

이다. 그러나 이것은 결코 모든 사람에게 다 가능한 일은 아니다. 본래 궁핍이 제거되면 권태로 하여 사람을 모여들게 하기 때문이다. 이 궁핍과 권태가 없으면 아마도 사람들은 혼자서 살아갈 수 있을 것이다.

고독은 누구에게나 고유한 자부심과 자존심을 만족시켜주지만, 일단 세상에 발을 들여놓으면 그 고독은 점차 타격을 받아 세상일의 치다꺼리에 눌리고 짓밟혀 버린다. 이런 의미에서도 고독은 모든 사람에게 자연스러운 상태이며, 고독은 사람을 최초의 아담으로 돌아가게 한다. 그리고 원시적인, 천성에 맞는 행복을 누리게 한다.

그런데 아담에게는 부모가 있었다. 그러므로 한 번 더 다른 의미에서 말하면, 고독은 인간에게 자연스러운 것이 못 된다. 인간은 세상에 태어났을 때부터 혼자가 아니며, 아버지와 어머니도 있고 형제자매도 있다. 따라서 이것만으로도 이미 협동의 공동체 속에 들어있다고 할 수 있다. 이것으로 미루어보더라도 고독에 대한 애착은 원시적인 마음의 움직임으로서 존재하는 것이 아니라 경험과 성찰의 결과로 비롯된 것이다.

그리고 고독에 대한 애착은 자기의 정신력이 발달하는 정도에 따르는 한편, 나이의 증가에도 보조를 맞추게 된다. 그러

므로 사람의 사교적인 본능은 그 사람의 나이에 반비례하게 될 것이다. 꼬마 아이는 불과 2, 3분만 혼자 둬도 불안을 느껴 고함을 지른다. 어린이로서는 혼자 있는 것은 큰 고행이다.

젊은이들은 곧잘 단체를 만들지만, 그들 중에서도 좀 고상하고 뛰어난 자들은 일찌감치 고독을 요구하기도 한다. 그러나 종일 집에서 혼자 지낸다는 것은 매우 어려운 일이다. 장년들은 고독하게 사는 것이 한결 쉬워지며, 그들은 상당히 오랫동안 혼자 있을 수 있고, 나이를 먹음에 따라 더욱 그럴 것이다. 노인층에 이르러서는 이미 사라진 세대에서 혼자 남게 되었을 뿐만 아니라 생활의 향락에 대해서는 나이를 너무 먹어 무감각하게 되었기 때문에, 고독에서 그는 고유의 세계를 찾기 시작한다.

그런데 이 경우에도 개개인의 경우에는 고독에 이르는 경향의 속도는 그들의 지적 가치의 척도에 의해 규정된다. 요컨대 이 경향은 앞에서도 말한 바와 같이 순수한 자연적 또는 직접적인 욕구 때문에 일어나는 것이 아니라 오히려 지금까지 얻은 경험과 이에 대한 반성의 하나의 효과에 지나지 않는 것이다. 이것은 분명히 대다수의 사람이 도덕적 및 지적으로 가련한 처지에 있음을 통찰한 결과이다.

그리고 이와 같은 처지에 따르는 최악의 상태는 개인 중에서 그의 도덕적 및 지적인 불완전성이 공모하고 서로 협조해서 인간의 사고를 혐오스러운 것이나 우리가 감당키 어려운 것으로 만드는 온갖 언짢은 현상이 일어나는 것이다.

이 세상에서는 실로 많은 일이 고약하기 짝이 없는 것들이 많다. 그중에서도 가장 고약한 것은 언제나 사교이다. 그래서 사교를 좋아하는 프랑스인 볼테르까지도, '이 세상은, 어디나 이야기할 가치조차 없는 것들로 가득 차 있다.'고 말하지 않을 수 없었다. 고독을 무척 사랑한 페트라르카도 같은 내용의 말을 하고 있다.

나는 언제나 혼자 살기를 바란다……

(개천 기슭과 들과 숲이 잘 알고 있듯이)

하늘에 이르는 길을 잘못 내디딘,

거짓에 충만한 고약한 자들의 무리에서 벗어나기 위해.

그는 훌륭한 저서 〈고독한 생활에 대하여〉 속에서 이에 대해 상세히 언급하고 있다. 이 책은 짐머만1728~1795, 스위스의 의사이며, 또한 저술가의 유명한 고독에 대한 저서 〈고독에 대한 고찰〉의 표

본이었던 것으로 생각된다. 샹포올은 이 비사교성의 이차적이고도 간접적인 기원을 그다운 풍자적인 방법으로 표현하고 있다. '세상 사람들은 고독하게 살아가는 사람을 가리켜 사교를 즐기지 않는다고 한다. 그것은 대체로 저녁때 본디의 숲 프랑스의 드 라 세에느 현縣에 있는 도둑의 소굴이라고 알려진 숲 을 즐겨 배회하지 않는다고 해서 산책을 좋아하지 않는 모양이라고 생각하는 것과 같다.'

온유한 기독교도인 안겔루스 질레지우스 1624~1677, 독일의 종교시인 도 그의 독특한 신비적인 어투로 같은 말을 하고 있다.

헤롯은 나의 적. 요셉은 나의 지혜
신은 그에게 꿈속에 나타나 위험을 알리다.
베들레헴은 인간의 세상, 이집트는 고독의 세계,
몸을 피하라, 나의 영혼이여!
그렇지 않으면 목숨을 잃으리라.

조르다노 부르노 1548~1600, 이탈리아 르네상스 시대의 철학자 도 같은 내용의 견해를 말하고 있다.

'지상에서 천국의 생활을 즐기려고 한 많은 사람은 '나는

홀로 멀리 떨어진 들에서 살리라'라고 이구동성으로 말했다.' 같은 의미의 말을 페르샤인 사디는 〈그리스탄〉 속에서 '나는 다마스커스에 있는 친구에게 진절머리가 나서 동물들과 어울려 살기 위해 예루살렘 근처의 황야로 은퇴하였다'고 고백하고 있다. 즉, 프로메테우스그리스 신화에 나오는 문화적인 영웅가 좋은 흙을 빚어 만든 사람들은 역시 같은 의미의 말을 하였다.

그들이 세상 사람들과 교제하여 아무 기쁨도 만족도 얻지 못한 것은 당연한 일이다. 전자가 후자와 교섭을 가지려면 자기 안에 깃들어 있는 가장 보잘것없는 부분이다. 이는 사소하고 세속적인 일에 대한 한 부분을 매개로 하는 수밖에 없으며, 후자는 자기들을 전자와 같은 수준으로 끌어올릴 수 없으므로 그들이 바라는 것은 오직 전자를 자기들의 수준으로 끌어내리는 일이다. 그러니 이런 교제에서 무슨 즐거움을 얻을 수 있겠는가. 고독하게 살려는 마음을 갖게 하는 것은 일종의 귀족적인 감정이다. 모든 인간의 찌꺼기들은 사교적이다. 이 얼마나 가련한 일이 아닌가!

이와 반대로 어떤 사람이 조금이라도 고귀한 편에 속한다는 것은 처음에 그가 다른 사람들과 교제하여도 만족을 얻을 수 없고, 점점 사교보다도 고독을 택하게 된다. 이 세상에서

는 특별한 경우를 제외하고는 고독과 비속卑俗의 어느 하나를 택하는 수밖에 도리가 없다고 생각하는 데서 알 수 있다. 또한, 이것은 매우 과격하게 들릴지 모르지만, 앙겔스 지레디우스는 기독교적인 온유함과 애정을 품고 있으면서도 드디어 이렇게 말하지 않을 수 없었다.

고독은 괴로운 일이다.
그러나 결코 천하게 살지는 말아라.
그러면 그대는 언제까지고,
광야에서 혼자 사는 것과 다름이 없으리라.

위대한 정신의 소유자이면서 인류의 참된 교육자인 그들이 다른 사람들과 자주 협조하는 일에 별로 마음이 내키지 않는 것은, 마치 교육학자들이 주위에서 떠들어대는 아이들이 유희에 섞이기를 원치 않는 것과 마찬가지로 당연한 일이다.

이 위대한 사람들은 그 밖의 사람들이 미혹의 바다에 떠 있는 것을 진리 쪽으로 인도하고, 그들을 사납고 비속한 어둠의 나락에서 위로 빛을 향해 끌어올리기 위하여 이 세상에 태어났다. 이들은 물론 다른 사람들 사이에서 살아야 하지만,

본래 그들의 상대가 아니므로 청년 시절부터 자기가 다른 사람들과 크게 다르다는 것을 자각하고 처음에는 서서히, 그리고 나이를 먹을수록 점점 이것을 분명히 인식하면서 산다. 그 후부터는 점점 다른 사람들로부터 정상적으로 멀어짐과 동시에 육체적으로도 떠나도록 작심하며, 나중에는 벌써 조금이라도 일반 사회의 비속에서 떠난 사람이 아니면 가까이 접근해 오는 것을 허용하지 않도록 조심하게 된다.

지금까지 이야기해 온 모든 일에서 고독에 대한 애착은 직접적인 또는 원시적인 본능으로서 나타나는 것이 아니라 간접적이지만 주로 어느 정도 고귀한 정신을 지닌 사람이 자연스러운 사교적인 본능을 극복하면서, 이를테면 이따금 메피스토펠레스 괴테의 〈파우스트〉에 나오는 악마 다운 유혹도 뿌리치는 가운데 서서히 발달하는 것을 알 수 있다.

슬픔에 잠기는 일은 이제 그만하라.
그것은 우리의 목숨을 독수리처럼 파먹는다.
아무리 고약한 친구라도 그대에게 가르쳐 줘라.
그대도 인간다운 인간이라는 것을.

— 괴테 〈파우스트〉 제1부

고독은 탁월한 자들의 운명이지만, 그들도 때로는 이 고독을 탄식하기도 할 것이다. 그리고 두 가지 재앙 중에서는 나은 편이라는 생각에서 이것을 택할 것이다.

그러나 나이를 먹을수록 이에 관하여 유아독존으로 행동하기가 점점 쉬워지며, 이윽고 당연한 것으로 생각하게 된다. 그리하여 60대가 되면 고독을 그리워하는 충동이 거의 천성에 어울리기보다 본능적인 것이 되어 버린다. 즉, 이 무렵에는 모든 일이 고독의 충동을 촉구하도록 협조하는 것이다.

사교에 대한 강한 충동인 이성에 대한 매력은 이제 사라졌다기보다 늙어서 성욕이 없어지고 점점 사교적인 충동을 고스란히 흡수하여 이것이 자기만족의 기초가 된다. 그는 수천으로 헤아리는 착각과 어리석은 일에서 돌아왔으며, 능동적인 생활은 거의 마치고 벌써 아무 기대도 없게 되어버렸다. 따라서 어떤 계획이나 기도企圖도 갖지 않게 되고, 본래 속해 있던 세대는 이미 생기를 잃어버렸으며, 이해가 얼른 가지 않는 세대 속에서 객관적으로나 본질적으로도 고립되지 않을 수 없게 된다.

그리고 이렇게 되면 시간의 발자취가 한결 빨라지지만, 정신적으로는 그도 시간을 이용하려고 한다. 그의 머리가 그럴

힘을 갖고 있기만 하다면 지금까지 획득해 온 다양한 지식과 경험과 원숙한 사상 등이 여러 가지 연구를 전보다 더욱 흥미 있게 하고 또 손쉽게 해 준다. 따라서 그는 전에 안개 속에서 가물거리며 정체를 분간할 수 없던 수많은 일에 정통하여 여러 성과를 올리며 자기의 뛰어난 솜씨를 피부로 느끼게 된다.

그는 오랜 경험으로 인간을 전체로서 보면 아무리 친밀한 사이가 되어도 이로 말미암아 어떤 소득이 되는 것이 아니므로, 그런 인간에게는 별로 기대하지 않는다. 그것은 그가 극히 드문 행운을 만난 경우를 제외하면 인간의 천성에서 결함투성이인—건드리지 않는 것이 상책으로 보이는—모습밖에는 찾아볼 수 없으리라는 것을 잘 알고 있기 때문이다.

그러므로 그는 벌써 사람을 잘못 보는 실수를 범하지 않으며, 사람들을 만나면 곧 그가 어떤 사람인지 짐작이 가서, 이 사람이라면 좀 더 가까이하고 싶다고 생각하는 일도 드물 것이다. 끝으로 그가 고독을 청춘의 걸 프렌드 정도로 볼 수 있는 경지에 이르면 고립된 생활에 익숙하여 자기를 친구로 삼는 습관이 생기며, 그것이 제2의 천성이 되는 것이다.

그렇게 되면, 전에 미리 사교의 충동과 싸우지 않고서는 가질 수 없던 고독의 애착이 지금은 아주 자연적인 단순한 것

이 되어, 고독 속에 있는 것이, 물고기가 물속에서 사는 것과 같게 된다. 이때 뛰어난,—다른 사람들과는 전혀 다른—홀로 우뚝 솟은 개성은 그의 고독에 의해 분명히 청년 시절에는 압박감을 느껴 온 감정이 노년기에 와서 한결 가볍게 느껴지는 것을 알 수 있을 것이다.

물로 늙은이와 같은 늙은이의 특권은, 사람들이 언제나 그 지적인 역량에 따라 누리게 되는 것이다. 이것은 남들보다 뛰어난 두뇌의 소유자가 누리게 되지만, 누구나 약간의 특권을 가질 수 있을 것이다. 다만 아주 빈약하고 비속한 천성밖에 갖고 있지 못한 사람들은 늙어서도 여전히 사교적일 터이지만, 그들이 이미 환영을 받지 못하는 사회에서는 주체스러운 존재가 되어 전에는 그를 아쉬워하기도 했으나 지금은 단지 그의 존재가 겨우 허용되는 데 불과하게 될 것이다.

우리의 나이와 사교성의 정도 사이에 성립되는 반 비례적인 관계와 함께 목적론적인 측면을 찾아볼 수 있다.

인간은 젊을수록 각자 자기 나름대로 배울 것이 많으므로 자연은 모든 사람이 그 같은 동료와의 교제에서 서로 배우도록 하였다. 그러므로 이런 견지에서 보면, 인간 사회는 하나의 커다란 벨 랑카스터 교육원 18세기 초에 시행되었던 교육법 이라고도 할

수 있을 것이다.

책과 학교는 인공적인 자연 계획에서 떠난 교수법이므로 사람은 젊을수록 더욱 부지런히 자연의 학교를 찾는 것이 매우 합당한 일이다.

호라티우스는 '모든 부분이 다 매우 행복한 경우는 없다.'고 말하였으며, '매듭이 없는 연꽃은 없다'는 인도의 속담처럼 고독에 그와 같은 장점이 있다고 하더라도 사소한 단점과 애로도 있기는 하지만, 이것은 사교의 단점이나 결함과 비교해 보면 극히 사소한 것이다. 그러므로 자기에게 그 자격만 있다면, 사람들과 어울리느니 혼자서 지내는 편이 한결 마음이 홀가분하다는 것을 알 수 있을 것이다.

그런데 그 단점 가운데서 잘 느끼지 못하는 것이 하나 있다. 그것은 다름이 아니라, 계속해서 집안에 갇혀 있으면 우리의 신체가 외부의 여러 가지 영향에 매우 민감하게 되어 찬바람이 한 번 불어도 곧 감기에 걸리는 것처럼, 오랫동안 은퇴하여 고독한 생활을 계속하면 우리 마음도 민감해져서 보잘것없는 일이나 말, 또는 단순한 표정에서도 불안을 느끼고 감정을 상하거나 혹은 기분을 잡치는 것이다. 그러나 평소에 혼잡한 가운데서 살아가는 사람은 이런 것은 아무렇지도

않은 것이다.

특히 젊을 때는 인간에 대하여 반드시 느끼게 마련인 불만감이 그를 때때로 고독에 몰아넣어도, 고독의 적막감을 오랫동안 감당할 수 없는 사람에게 충고하고 싶은 것은, 자기의 고독 일부를 가지고 사회에 들어가는 습관을 붙이라는 것이다. 그렇게 하면 그는 사회에서도 어느 정도 고독을 지킬 수 있으며, 그가 생각하고 있는 것을 곧 남들에게 전하지 않고, 또 남들의 말을 곧이곧대로 받아들이지 않게 되는 것이다.

그리하여 도덕적으로나 지적으로도 남의 말에서 별로 많은 기대를 하지 않으며, 남들의 견해에 대해서도 무관심한 태도를 보이게 된다. 이런 무관심이야말로 언제나 찬양할 만한 너그러움을 기르는 데 가장 정확한 수단이 되는 것이다.

그리하여 그는 설사 남들과 어울리고 있는 중에도 사회에 완전히 묻혀 있지 않고 오히려 사회를 상대로 객관적인 입장에서 행동할 수 있게 된다. 또한, 그로 하여금 사회와의 접촉을 긴밀히 하지 않도록 해서 그를 보호하기 때문에 더러운 때가 묻지 않고 훼손되는 일도 없게 될 것이다.

그리고 이런 안전 보장이랄까, 울타리를 치고 있다고 할 수 있는 사교 방법에 관하여, 읽을 만한 극적인 묘사는 모라틴

1760~1828, 스페인의 극작가 의 희극 작품 〈카페〉에서 볼 수 있으며, 그 중에서도 돈 빼드로의 성격, 특히 제1막 2장과 3장 속에 들어있다.

이런 의미에서 사회는 모닥불로 비교할 수도 있을 것이다. 현명한 사람은 적당한 거리를 두고 불을 쬐며 바보처럼 손을 불에 데는 일이 없지만, 어리석은 자는 손을 데고 나서 고독이라는 찬방에 가서 불이 자기에게 화상을 입힌 것을 원망한다.

4 질투는 인간의 자연스러운 감정이지만 하나의 악덕이다

질투는 인간의 자연스러운 감정이지만, 이것은 하나의 악덕이요, 불행이 아닐 수 없다.

인간이 질투한다는 것은 그가 자기 자신을 얼마나 불행하게 느끼고 있는가를 말해 준다. 그들이 타인의 행위를 끊임없이 주목하고 있는 것은 얼마나 권태에 사로잡혀 있는가를 보여 주는 것이다.

그러므로 우리는 질투를 행복의 적으로 돌리고 악마로 간주하여 이를 질식시켜 버리도록 궁리를 해야 한다. 이에 대하

여 세네카는 아름다운 말로 우리에게 이렇게 가르치고 있다.

> 우리는 자기 것을 남의 것과 비교하지 말고
> 생활을 즐기도록 하자.
> 남들이 한결 행복하게 살고 있다고 해서
> 괴로워한다면 절대로 행복해질 수 없다.
>
> —〈**분노에 대하여**〉

> 얼마나 많은 사람이 그대보다 더 잘살고 있으며,
> 또 얼마나 많은 사람이 그대보다 못살고 있는가를
> 생각하여 보라.
>
> —〈**서한집**〉

그러므로 우리는 자기 자신보다 잘사는 사람보다 못하는 사람을 더 주목해야 한다. 그리고 어떤 재앙이 일어났을 때 우리에게 가장 큰 위로를 주는 것은—설사 질투와 같은 원천에서 비롯된 것이라고 하더라도—우리보다 큰 고통을 당하고 있는 사람의 처지를 돌아보는 것이다. 그리고 그다음은 우리와 비슷한 고통을 당하고 있는 '불행한 동료들'과 어울리

는 일이다.

질투의 능동적인 면에 대해서는 이 정도로 그치고, 그 수동적인 면에 대하여 생각해 보면, 어떤 증오도 질투만큼 완화하기 어려운 것은 없다. 그러므로 우리는 질투를 불러일으키는 일이 있어서는 안 되며 이에 따르는 위험한 결과를 고려하여 이를 뭉개 버려야 한다.

무릇 귀족에는 세 종류가 있다.

첫째 출생과 위계에 의한 귀족,

둘째 돈에 의한 귀족,

셋째 정신적인 귀족이 그것이다.

이 중에서 마지막 귀족이야말로 가장 고귀한 것으로, 정당한 시간적 여유만 갖게 되면, 어떻게 해서든지 그럴듯한 일을 성취하여 사람들의 인정을 받게 될 것이다.

일찍이 프리드리히 대왕이, '뛰어난 정신의 소유자는 군주와 같은 자리에 앉아야 한다.'고 말했는데, 그것은 특히 그의 궁내 대신에게 한 말이다. 즉, 다른 대신이나 장군들은 궁내 대신과 같은 식탁에서 식사하는 반면 볼테르는 왕후와 그들의 왕자들의 전용 식탁에 앉도록 분부한 데 대하여 그 궁내 대신이 불평하였기 때문이다.

이 세 귀족은 모두 질투가 심한 무리에게 에워싸여 있으며, 그들은 귀족들에게 은근히 화를 품고 있어서 '너희들도 우리와 조금도 다를 게 없다.'라는 것을 알려 주려고 했다.

그러나 이 노력이야말로 그와 반대되는 것을 그들이 확신하고 있음을 보여 주고 있다. 그러므로 질투를 받는 자가 이에 대항하는 방법은, 자기의 동료들이 하나의 넓은 계곡에 의해 저들이 갈라져 있는 것처럼 그들과 접촉을 되도록 회피하는 일이다.

만일 이 방법이 별로 효과가 없을 때는 어디까지나 냉정한 태도로 상대방의 태도를 무시해 버리면 될 것이다. 그런데 위에서 말한 세 가지 귀족들은 대체로 피차에 잘 어울려 질투 같은 것은 모르고 지낼 수 있을 것이다.

이것은 피차에 남의 장점을 앞세워 균형을 취할 수 있기 때문이다.

모든 계획은 실천에 옮기기 전에 충분히 검토해 보아야 한다. 그리하여 모든 것을 철저히 검토한 연후에도 사람에게 있을 수 있는 주의 부족으로 예측할 수 없는 일이 일어나기 때

문이다. 아무리 계획을 잘 세워도 자칫하면 모든 계산을 틀어지게 하는 일도 있다는 것을 알아야 한다.

그렇게 되면 저울 한쪽에는 희망을 올려놓고 다른 쪽에는 경계를 올려놓는 격이 되어 일을 시작할 때 '평지풍파를 일으키지 말라!'는 가르침을 따를 수 있을 것이다.

그러나 결단을 내리고 일을 착수하고 모든 것이 궤도에 올라 벌써 그 성과만을 기다리는 처지에 이르렀다면 새삼스럽게 자기가 한 일을 다시 돌이켜 생각해 보거나 확실하지도 않은 위험을 염려하여 걱정해서는 안 된다. 오히려 그때에는 모든 일을 완전히 추세에 맡기고 자기는 적절한 시기에 충분히 생각하여 최선을 다했다고 스스로 확신하고 마음을 진정시킬 일이다.

이에 대하여 이탈리아의 속담은 좋은 충고를 해 준다.

'당나귀에게 안장을 얹은 후에는 쏜살같이 달려라.'

이것을 괴테가 '안장을 잘 얹은 다음에는 마음 놓고 달려라.'라고 번역하고 있다. 곁들여 말하지만, 괴테가, '격언'이라는 표제로 발표한 교훈적인 잠언집 대부분은 이탈리아 격언의 번역이다. 이렇게 하고도 나쁜 결과를 초래한다면 그것은 모든 인간사에 우연과 잘못이 작용하는 것을 막을 수 없기

때문이다.

누구보다도 현명했던 소크라테스까지도 자기 자신의 개인적인 일에 대하여 정의를 수호하고, 실수를 피하기 위해서는 그에게 경고를 아끼지 않는 다이모니온(수호신)을 필요로 한 것이다. 이것은 인간의 이해력이 우연과 착오를 미리 방지하기에는 인력으로는 부족하다는 것을 입증해 주고 있다.

그러므로 어느 교황의 말이라고 전하는 '우리가 당하는 모든 불행에 대해서는 적어도 어느 의미에서는 우리가 책임을 져야 한다는 견해는 대다수 사람에게 부합되지만, 모든 경우에 다 해당한다고 할 수는 없다.'

대체로 사람들이 자기의 불행을 되도록 숨기려고 노력한다. 그것이 여의치 않으면 만족스러운 얼굴을 하는 것과 관련이 있는 것 같다. 그들은 자신이 괴로워하는 모습을 보이면, 마치 무슨 잘못이라도 저지른 듯이 보이는 것을 염려한다.

5 이미 저질러진 일은 아무리 후회해도 소용없다

이미 저질러져서 돌이킬 수 없게 된 불행한 사고를 냈을 경우, 이렇게 되지 않을 수도 있었다거나 미리 방지할 수 있었을 텐데 하고 자꾸 후회해서는 안 된다. 이런 생각은 고통만을 조장한다. 그리고는 자학에 빠지게 되므로 차라리 다윗 왕처럼 할 일이다.

다윗 왕은 자식이 병으로 누워 있는 동안에는 여호와께 기도와 애원으로 성가시게 졸라대었으나 자식이 죽어 버렸을 때는 거문고를 퉁기면서 이에 대하여 생각도 하지 않았다고

한다.

그러나 이처럼 손쉽게 체념할 수 없는 사람은 자기에게 일어나는 모든 일은 필연적으로 걱정한다. 따라서 피할 수 없다는데 진리를 자각함으로써 숙명론적인 입장이 되어 걱정을 피하는 것이 상책이다.

그러나 이와 같은 방법은 역시 일방적인 것이다. 그것은 불행할 때 우리 마음을 한결 가볍게 하거나 진정시키는 역할은 하지만, 그렇다고 해서 우리의 태만이나 무모한 행위가 적어도 어느 일부는 불행에 대하여 책임이 있다면, 어떻게 해서라면 그것을 방지할 수 있었을 텐데 하고 괴로워하며 돌이켜 생각해 보는 것은 우리 자신에 대한 앞날을 위해 하나의 유익한 자기 견책이 된다.

더구나 분명히 드러난 과실에 대해서 우리는 변호하거나 은폐, 또는 과소평가해서는 안 된다. 앞으로 이런 과실을 피하기 위해서도 스스로 이를 고백하고, 그 과실의 크기를 분명히 눈앞에 그려보도록 노력해야만 한다. 이 경우에 물론 사람들에 대하여 자기 자신을 못마땅하게 여겨야 하는 괴로움을 느껴야 한다. 그렇지만 '매를 맞지 않는 사람은 배울 수 없다.'

기쁨과 한탄에 관한 모든 일에 우리는 공상을 억제해야 한다. 가장 소중한 것은 공중누각을 쌓아서는 안 된다는 것이다.

우리는 곧 나중에 한숨을 쉬면서 다시 이것을 망치게 되기 때문이다. 그렇다면 이것은 너무나 억울한 일이다. 그리고 우리는 단지 있을 수도 있다는 데 지나지 않는 불행한 장면을 눈앞에 그려봄으로써 불안을 느끼는 일이 없도록 더욱 조심해야 한다.

이런 불행한 장면이 전혀 공상의 산물이거나 아니면 억지로 조작한 것일 경우 우리는 이런 불행이 꿈에서 깨었을 때 모든 것이 속임수에 지나지 않는 것을 곧 알게 될 것이다. 이것이 현실이라면 기쁨은 더욱 커질 것이며, 설사 있을 수 있더라도 매우 멀리 떨어져 있는 불행한 경우를 미리 생각할 것이 없다는 경고를 이 즐거운 현실에서 깨달을 수도 있다.

그런데 우리의 공상이 이런 불행만을 상대로 하는 경우란 좀처럼 없는 일이며, 한가로울 때의 심심풀이로 화려한 공중누각을 쌓는 것이 보통이다. 이 어둡고 불행한 꿈의 소재는 설사 현실성이 희박하다고 하더라도 어느 정도는 우리를 위협하고 있는 불행한 경우라고 할 수 있다.

이 공상이 더욱 확대되어 그 가능성을 한결 가까이 앞당겨 매우 두려운 것으로서 그려보는 것이다. 우리는 이와 같은 꿈을 눈뜨고 있을 때도 화려한 꿈처럼 곧 뿌리칠 수는 없다. 화려한 꿈은 현실이 금세 지워 버리고, 겨우 연약한 희망을 가능성의 호주머니 속에 남겨 놓는 정도에 그친다. 그러나 우리가 검은 상상에 쏠려 버리면 공상은 좀처럼 물리칠 수 없는 여러 가지 형상을 거듭 우리에게 안겨 준다.

요컨대 일의 가능성은 일반적으로 확립되어 있으며, 우리는 반드시 언제나 그 정도를 분명히 측정할 수는 없다.

그리하여 가능성은 개연성이 되기 쉽고 우리는 자기 자신을 공포의 손에 내주고 마는 것이다. 그러므로 우리는 자기의 기쁨과 한탄에 관한 것을 이성과 판단력으로 고찰해야 하며, 따라서 좀 더 분명한 개념을 가지고 추상적으로 처리할 일이다. 이 경우 공상을 연극에 참여시켜서는 안 된다. 공상에는 판단력이 없으며 오히려 마음을 무익한, 때로는 가혹하게 동요시키는 환상을 눈앞에 그리게 하기 때문이다.

이런 원칙은 특히 저녁때에는 엄격히 성찰해야 한다. 왜냐하면, 어둠이 우리를 비겁하게 하여 곳곳에서 무서운 모습을 보이는 것처럼 사상의 어둠도 이와 마찬가지 작용을 한다. 모

든 불확실성이 불안을 일으키기 때문이다.

그러므로 저녁때가 되면 마음이 해이하여 이해나 판단의 힘을 주관적인 어둠으로 덮고, 지성은 피로하고, 정의가 흔들려 사물의 근본을 통찰하지 못하면 우리의 성찰의 대상은 그것이 자기의 개인적인 일에 관계될 경우 자칫하면 위험한 외모를 띠고 무서운 모습으로 우리에게 나타난다.

이것은 밤에 침상에서 마음이 완전히 이완되어 판단력이 기능을 상실하고 공상만이 뭉게뭉게 떠오를 때 가장 많이 일어나는 현상이다. 그것은 밤이 모든 사물과 인간에게 자기의 검은 빛으로 덮어 버리기 때문이다.

그러므로 잠들기 전이나 밤중에 눈을 떴을 때 우리의 사상은 대체로 꿈속에서와 마찬가지로 사물을 크게 왜곡하거나 전도시키며, 개인적인 사건에 관계될 때에는 보통 암흑을 초래하기도 한다. 그러나 아침이 되면 모든 무서운 형상들은 꿈결처럼 고스란히 사라져 버린다. 이것을 스페인의 속담에서는 '밤은 먹물, 낮은 흰빛'이라고 말한다.

그리고 저녁에 등불을 켜도 이해력은 육안이나 대낮에서처럼 분명히 보이지 않으므로 이 시간은 특히 불쾌한 사건의 성찰에는 적합하지 않고 아침이 제일 적합한 시간이다. 대체로

아침이 모든 정신노동은 물론 육체노동에도 적합한 것이다.

왜냐하면, 아침은 그 날의 청년 시절이며, 이때에는 쾌활하고 신선하고 경쾌하여 자기 자신을 힘차게 느껴 많은 기대를 하게 만들기 때문이다. 위는 이 아침 시간을 늦잠으로 단축해서는 안 되며, 지저분한 일이나 잡담으로 낭비해서도 안 될 뿐만 아니라 아침을 생명의 정수로 생각하고 또 어느 정도 신성하게 알아야 한다.

한편 밤은 하루의 노년기이므로 우리는 저녁때에는 머리가 멍청해지고 입을 잘못 놀려 경솔해지기 쉽다. 하루하루가 짤막한 한 생애이다. 날마다 눈을 떠 잠자리를 떠나는 것이 그날의 탄생이며, 신선한 아침마다 짧은 청년 시기를 거쳐 잠자리에 들어 잠들면 그날은 죽어 버리고 만다.

그리고 대체로 건강이나 수면, 영양, 온도, 날씨, 그 밖의 외부적인 일들이 우리 기분에 큰 영향을 주고, 이 기분이 우리 사상에 커다란 작용을 한다. 그러므로 어떤 사건에 대한 우리들의 견해와 마찬가지로, 어떤 일에 대한 우리의 능력도 '때'와 '장소'에 따라 크게 지배를 받는다. 그리하여 괴테는 이렇게 말했다.

즐거운 기분은 꽉 붙잡아 둘 일이다.

그것은 자주 우리를 찾아오지 않으니

—괴테

어떤 객관적인 여러 가지 고안이나 독창적인 사상 같은 것도 그 가능성 유무를 걱정하거나 언제 뜻을 이룰 것인가 하고 기다리고만 있을 것이 아니라, 어느 개인적인 일을 깊이 생각할 때도 미리 정한 기한에 잘 되어 간다고만 볼 수 없다. 적당한 시기가 따로 있는 법이니 때가 되면 우리도 숙고하기에 적합한 과정을 더듬어 나가게 된다.

나는 앞에서 공상을 제어할 것을 권하였으나, 여기 덧붙여 말하고 싶은 것은 우리가 전에 당한 불법 행위나 감정이 상하는 일이나 손실, 모욕, 배척, 능욕 등을 상기하거나 마음속에 그려보는 것은 금물이라는 것이다.

그렇게 하면 오랫동안 진정되어 있었던 불만이나 분노가 그 밖의 온갖 혐오스러운 격정을 새삼스럽게 불러일으켜 우리의 순정이 상실되므로, 신 플라톤파의 프로클로스412~485, 그리스의 철학자가 아름다운 비유로써 말한 바와 같이 그리고 어느 곳에나 귀족 또는 뛰어난 인물 곁에는 많은 천민이 모여 있

는 것처럼 인간 중에서 가장 고귀한 인물 중에도 소질로 보면 인간적이라기보다 동물적인 비속한 것들이 존재하는 것이다.

따라서 천민을 선동하여 폭동을 일으켜서는 안 되며, 그것은 추한 모습을 하고 있으므로 창으로부터 얼굴을 내놓아서도 안 된다.

그런데 이 천민을 선동하는 것은 앞에서 말한 공상의 농간이다. 그리고 극히 사소한 기분 나쁜 일—그것이 인간에게서 일어났건, 사건에서 일어났건—만을 생각하면 징그러운 색채를 띠거나 차츰 팽창되어 드디어 하나의 괴물처럼 부풀어 올라서 그것을 보고 깜짝 놀라기도 한다. 모든 불쾌한 일은 되도록 가볍게 간주하여, 산문적으로 간주하는 것이 좋다.

작은 물체도 눈 가까이 가져오면 우리의 시계가 좁아져서 세계를 뒤덮어 버리는 것처럼, 우리 주위의 인간과 사물들은 매우 보잘것없는 것일지라도 우리의 주의와 사상을 필요 이상으로 무리하게 혹사하여, 소중한 사상이나 사건을 압박하는 일도 있다. 우리는 이런 일은 반드시 막아야 한다.

우리는 자기가 소유하고 있지 않은 것을 보면, '이것이 내 것이라면 얼마나 좋을까!' 하는 생각이 든다. 그리고 그 생각이 초라한 자기를 의식하게 한다. 그런데 우리는 이런 생각 대신에 자기 소유에 대해, '이것이 내 것이 아니었다면 얼마나 따분할까!' 하고 생각해 봄 직한 일이다.

우리는 자기가 소유하고 있는 것에 대하여 가끔 우리가 그것을 잃어버렸다면 얼마나 애석하게 생각할까, 하고 주의를 기울일 필요가 있는 것이다. 재산, 친구, 애인, 아내, 자식, 말, 개, 무엇이든지 무방하다. 우리는 이런 것들이 대개 없어진 연후에야 비로소 그 진가를 알게 되기 때문이다.

어쨌든 앞에서 권고한 사물의 관찰 방도에 의하면,

첫째로 사물을 소유하는 것이 전보다 더 우리를 행복하게 할 것이고,

둘째로 우리는 모든 방법을 강구하여 잃어버리지 않도록 할 것이고,

셋째로 우리는 모든 방법을 낭비하지 않고, 친구의 마음을 상하게 하지 않으며, 아내의 정조를 유혹의 대상으로 삼지 않

도록 하고, 아이들의 건강관리에 유의하도록 할 것이다.

우리는 때때로 일이 잘 되어 가리라는 생각에서 현재의 어두운 구석을 밝게 하려고 힘쓰거나 여러 가지 망상적인 희망에 가슴이 부풀기도 하지만, 그 어느 것이나 환멸을 품고 있으며 그것이 냉혹한 현실에 부딪혀 깨어지면 반드시 이 환멸이 나타나게 마련이다. 아니, 오히려 여러 가지 언짢을 가능성을 우리의 사고의 대상으로 삼는 편이 나을지도 모른다.

그렇게 하면 한편으로는 이것을 예방하는 수단도 되고, 한편으로는 그것이 사실로 나타나지 않았을 때는 유쾌한 환희를 불러일으키게 될 것이다. 왜냐하면, 우리가 어떤 불안을 뚫고 지나갔을 때는 반드시 쾌활하게 되기 때문이다.

또한, 이런 일보다도 더욱 바람직한 것은 우리가 당하게 될지도 모르는 큰 불행을 스스로 가끔 상기하는 것이다. 이렇게 하면 우리는 나중에 사실상 훨씬 작은 불행을 당했을 때 전에 생각만 했을 뿐 일어나지 않고 지나간 불행을 돌이켜봄으로써 훨씬 쉽사리 견디어 나갈 수 있을 것이다.

그러나 그렇다고 해서 앞에서 말한 충고를 소홀히 해도 좋다는 말은 물론 아니다.

현실에서 우리가 당하는 사건이나 일은 고립되어 앞뒤가 없다. 또한, 상호 관련도 갖지 않고 커다란 대조를 이루거나 그것이 우리의 사건이라는 것 이외에는 어떤 공통점이 없이 나타나거나 뒤섞여 급히 지나가 버린다. 따라서 이에 대한 우리의 사고와 걱정은 각각의 사건에 대응하려고 하므로 아무래도 산만해질 수밖에 없다.

그러므로 우리가 한 가지 일을 처리할 때는 나머지 일은 전혀 구애받지 말고 그것을 다른 모든 일에서 추상抽象하여 독립시켜서 적당한 시기에 노력하거나, 즐기거나, 감당해 나가도록 할 일이다. 왜냐하면, 우리는 이를테면 각자 자기 사상의 서랍을 몇 개 갖고 있어야 하는데, 그 하나를 여는 동안 다른 것은 모두 닫아 두어야 하기 때문이다.

이렇게 하면 우리는 무겁게 마음을 짓누르던 걱정으로 여러 가지 사소한 즐거움을 잊어버리는 일도 없다. 또 그것으로 우리 마음의 평정을 잃는 일도 없이 하나의 집착이 다른 집착을 몰아내지도 않고, 한 가지 중대한 일에 대한 큰 걱정으로부터 연관된 작은 걱정거리도 등한시하지 않게 되어 여러모로 이득이 된다.

그리고 특히 고귀한 고찰을 할 수 있는 능력을 갖춘 사람은 그 정신을 개인적인 사건이나 저급한 걱정으로부터 빼앗기거나 모든 사고의 길이 막히는 일이 있어서는 안 된다. 그렇지 않으면 이야말로 '삶을 위해 삶의 목적을 버리는'(유베나리스) 풍자시 격이 되어버린다.

물론 우리는 자기 자신의 이런 경향에 대해서도 자제가 필요하지만, 이런 자제를 하여도 사람들은 외부로부터의 많은 강요를 참아야 하며, 또한 이런 강요는 지구상의 모든 생물이 다 당하는 일이다. 뿐만 아니라 적절한 작은 강요가 나중에 외부에서 오는 많은 강요를 예방하는 것과 같이 마치 중심의 가까이서 절단된 원의 한 작은 단편은 둘레의 가장자리에서 절단된 그것보다 크며, 때에 따라서는 그 백배나 된다고 생각해 보는 것이 우리 마음을 강하게 만들 것이다.

우리는 무엇에 의해서도 외부로부터의 강요를 자기 강요만큼 슬기롭게 벗어나지는 못한다. 이에 대하여 세네카는, '만일 모든 일을 자기에게 복종케 하려고 하면, 우선 그대 자신을 이성에 복종케 하라'는 말로 표현하고 있다.

그리고 우리는 자기 강요라면 언제나 자기 권한 안에 있으며, 극단의 경우 그것이 자기의 가장 아픈 데라면 어느 정도

완화할 수 있지만, 반대로 외계로부터 받은 강요는 무자비하기 짝이 없다. 그러므로 이것을 자기 강요로 다져 두는 것이 현명한 방법이다.

6 많은 재앙은 모든 사람들이 비슷하게 당하게 마련이다

자기 혼자서는 모든 소망 중에서 극히 적은 한 부분밖에 손에 넣을 수 없다. 많은 재앙은 모든 사람이 당하게 마련이라는 것을 언제나 잊지 말라! 우리의 소망에 하나의 목표를 세워 욕구를 억제하고 분노를 막을 일이다. '그대들은 절제하고, 참아 나가라.' 이것이 하나의 법도이며, 이를 무시하면 재물도 권세도 자기 자신에 대한 우리의 비참한 감정을 억제하지 못한다. 이를 테마로 해서 호라티우스는 노래하였다.

모든 일을 손쉽게 처리하는 방법은

현자의 글을 읽고 석학에게서 배우는 것이다.

탐욕도 불안도 무익한 기대로

그대를 이제 괴롭히지 않으리니…….

—〈서한집〉

아리스토텔레스의 '생명은 운동에서 비롯된다.'는 말은 지극히 타당하다.

그러므로 우리의 육체적인 생명이 단지 끊임없는 운동으로 성립되는 것처럼 우리의 내적이고 정신적인 생명도 계속해서 일할 것과 행위 또는 사고에 의해 어떤 목적을 갖고 일할 것을 요망하고 있다.

이것은 일이 없는, 그리고 지각이 없는 사람들이 곧 시작하는 가까이 있는 무슨 도구로, 쿵쿵 큰 북을 치는 듯한 소리를 내는 것만으로도 입증된다. 우리의 생존은 본질적으로 휴식이 없는 존재이며, 따라서 아무 일도 하지 않으면 곧 참지 못하며 큰 권태를 느끼게 된다.

그러므로 이 충동을 잘 만족시키기 위해서는 이를 통제해

야만 한다. 즉, 활동을 계속할 것, 무엇이든지 할 것, 가능하면 무엇을 만들 것, 적어도 무엇이고 배우는 것이 인간의 행복에 불가결한 것이다. 인간의 힘은, 쓰기를 요구하고 그 성과를 알아보고자 한다.

그러나 여기 최대한으로 만족을 주는 것은 무엇이고 제작할 것이 한 바구니이건 한 권의 책이건 그것을 완성하는 일이다. 그리고 하나의 작품이 그의 손에서 하루하루 자라나 드디어 완성된 것을 바라볼 때 그를 직접 행복하게 한다.

이 행복이 하나의 예술품이나 저작물이나 하나의 단순한 잔일까지도 해당한다. 이때 물론 그 작품이 고귀한 것이라면 그만큼 더욱 고급 향락을 누릴 수 있는 것이다.

이런 견지에서 보면 가장 행복한 것은 저작물에 소질이 풍부한 사람들로, 이들이야말로 의의 있는 위대한 작품을 창조할 힘을 가지고 있다. 따라서 훨씬 고상한 흥미가 이들의 온몸에 퍼져 다른 사람들에게서는 찾아볼 수 없는 일종의 흥취를 느끼게 한다.

그러므로 이들에 비하면 다른 사람들의 생존은 무미건조하기 짝이 없다. 즉, 천재적인 소질을 타고난 사람은 인생과 세계가 모든 사람에게 공통된 실질적인 흥미를 넘어 고차원

의 홍취로서, 이들의 작품에 대한 소재도 포함하고 있으므로, 그들은 개인적인 궁핍만 면하면 한평생 이런 소재의 수집에 열중할 것이다. 이들의 지성은 지극히 이중적이며, 일면으로는 다른 사람들과 마찬가지로 일반 관계에 대한 것이다. 다른 일면으로는 사물의 객관적인 파악에 대한 것이기도 하다.

그래서 다른 사람들은 배우 노릇을 하고 있는데, 이들은 배우인 동시에 관객이기도 한 이중생활을 할 수 있게 된다. 어쨌든 모든 사람은 그 능력의 정도에 따라서 행동해야 한다. 아무튼, 무슨 일을 하든지 계획대로 행동하려고 하면서 그 행동에 부족을 느끼게 된다. 우리가 얼마나 안타까워하는가는 오랫동안 견학 여행이라도 떠났을 때 도중에서 갑자기 느끼게 마련이다. 이 경우, 이를테면 저 자연적인 요소로부터 떠난 것처럼 본래 일정한 일거리가 주어져 있지 않으므로 때때로 커다란 불행을 느끼게 된다.

그래서 향락이 계속되고 평온한 상태가 와도 인간은 참기 어려운 것이다.

무엇보다도 애써 저항과 싸워나가는 것은 두더지가 흙을 파는 것처럼 인간에게 중요한 일이다. 장애를 극복해 나가는 것은 온전한 향락이며 이 장애는 행동의 경우처럼 물질적인

것이라도 무방하고, 또는 학습이나 연구의 경우처럼 정신적인 것이라도 무방하다.

장애와 싸워서 승리하는 것이 인간을 행복하게 한다. 그래서 그런 기회가 없는 사람들은 스스로 그런 기회를 만든다. 즉, 그의 개성에 따라 각각 사냥하거나 공을 치거나, 혹은 무의식적으로 싸움을 하거나 음모를 꾸민다.

또는 사기나 그 밖의 열 가지 고약한 일에 가담할 수도 있을 테지만, 이것들은 모두 그가 무사태평한 상태에서 떠나기 위한 것이다.

한가할 때 마음의 평정을 유지하기는 정말 어렵다.

7 환상과 공상은 본래가 사람을 놀려대는 유령이다

우리는 공상적인 환상을 노력의 목표로 삼아서는 안 된다. 모름지기 사람들은 이 경우에 분명한 개념을 갖고 있어야 한다. 그러나 흔히 이와 반대되는 일들을 많이 찾아볼 수 있다.

엄밀히 검토해 보면, 우리가 어떤 결심을 할 때 마지막으로 어떤 결단을 내리는 것은 대체로 개념과 판단력이 아니라 이 양자 중에서 어느 한쪽을 대신하여 나타내는 공상적인 환상이다.

나는 벌써 볼테르가 쓴 소설인지, 디도로가 쓴 것인지 잘

모르겠으나, 주인공은 청년이 헤라클레스그리스 신화에 나오는 영웅 처럼 선량한 생애와 안락한 생애의 갈림길에 서게 되면 그의 눈에 덕은 왼손에는 담배 재떨이를 쥐고 오른손에는 담배를 매만지며 수신 강의를 하는 늙은 가정교사의 모습으로 보이지만, 부덕은 어머니를 모시고 있는 시녀의 모습으로 보였다고 쓰고 있다.

특히 청년 시절에는 행복의 목표가 환상적인 모습으로 우리 눈앞에 떠오르기 때문에 자칫하면 반생을, 때에 따라서는 일생을, 언제나 변치 않고 고정되는 일도 있다. 이런 환상은 본래가 사람을 놀려대는 유령이다.

우리가 그 유령에 손이 닿았을 때는 그것은 벌써 사라져 버리는 것이다. 그리하여 우리는 그것이 우리에게 약속한 것을 전혀 이루어주지 않는다는 것을 경험하게 된다.

우리는 가정적, 시민적, 사교적, 지연적인 모든 생활에서 여러모로 명예와 존경을 얻을 것을 꿈꾸고 있다. 따라서 모든 광기에는 각각 버릇이 있다. 애인에 대한 환상까지도 자칫하면 이런 종류의 것이 된다.

우리가 이처럼 되는 것은 대체로 자연스러운 일이다. 왜냐하면, 실생활의 모든 것은 직접적이므로 인간의 의지에 대하

여 많은 영향을 주지만, 관념이나 추상적인 사상은 실재성이 있는 개체와 관련되지 않고 일반적인 것이 된다. 따라서 인간의 의지에 대해서도 간접으로 작용할 따름이다.

그러나 참으로 그 언약을 지켜 우리를 기만하지 않게 하는 것은 전자가 아니라 후자로 관념과 사상뿐이다. 그러므로 적어도 지혜로운 사람이라면 이 양자만을 신뢰해야 한다. 하긴 추상적인 문장에 실례나 주석을 달 필요가 있는 것처럼 때로는 관념이나 사상도 어떤 환영의 도움을 받을 필요가 있지만, 그것은 다만 약간의 소금을 치는 정도에 그치는 것이 상책이다.

앞에서 말한 일반적인 가르침은 '인간은 어디서나 현실적이고 직관적인 인상을 통괄하는 지배자가 되어야 한다.'는 것이다.

이와 같은 인상은 단지 생각에 그치는 것이나 알고만 있는 것과 비교하면 매우 강력하게 작용하지만, 실질이나 내용에 의해서가 아니라(이런 것은 대체로 극히 빈약하다), 그 직관성과 직접성에 기인하는 것이다. 그런데 이 형식이 심정에 스며들면

그 안정을 교란하여 그 기도企圖를 흔들어 놓기도 한다.

역시 현실적인 것, 즉 직관적인 것은 언제나 위력과 압박을 느끼게 되지만, 사상이나 관념이 이를 한 가지만 생각하려면 상당한 시간과 마음의 여유가 필요하므로 언제나 순간마다 있는 그대로 평가할 수는 없다.

우리가 잘 생각하여 단념해 버린 놀이 같은 것도 눈앞에 보게 도면 자극을 받는 것처럼 전혀 부당하다고 생각되는 비판도 그것을 들으면 불쾌하고, 또 무시해 버려도 될 모욕이라도 그것을 당하면 화가 나는 법이다. 마찬가지로 신뢰를 보내게 하는 인상을 부인할 여러 가지 이유가 있어도 좀처럼 이를 극복하기 어렵다.

이 모든 일에 인간의 본성이 지닌 원시적이고도 비이성적인 것이 나타나 있는 것이다. 이런 인상에 잘 굴복하는 것은 여자들이며, 남자들도 이런 인상에 시달리지 않을 만큼 훌륭한 이성을 갖춘 사람은 매우 드물다. 그리하여 우리가 단지 사유를 매개로 하여 이 인상을 전적으로 누를 수 없을 때는 어느 하나의 인상을 이와는 반대되는 인상에 의해 중화中和하는 것이 가장 좋은 방법이다.

가령 모욕을 당한 인상을 우리가 존경하는 사람들을 방문

하는 것으로, 또한 위협하는 인상을 이것을 지워 버리는 현상을 사실상 관찰함으로써 중화하는 것이다. 즉, 라이프니츠 1646~1716, 독일 철학자 가 말하는 바와 같이 〈새로운 에세이〉에서 이탈리아인은 고문을 받는 동안에 결심을 곧게 하였다. 만일 자기가 고백하면 오르게 될 교수대의 환상을 한순간에도 상상에서 떼어놓지 않음으로써 고문의 고통을 견딜 수 있었다. 이로 말미암아 그는 때때로 '나는 너를 바라보고 있다.'고 외쳤는데, 그는 후일에 이 말을 그렇게 설명하였다.

'우리를 에워싼 모든 사람이 우리와는 다른 의견을 갖고 행동할 때 우리는 그들의 오류를 굳게 믿으면서도 그들의 견해에 의해 동요를 일으키지 않고 대범한 마음을 간직하기란 매우 어려운 일이다. 역적이 두려워서 피신을 다니는 왕자에게 신뢰할 만한 신하가 두 사람만 있을 때 표시하는 충성이야말로 왕자의 마음을 든든하게 하며, 이것마저 없어지면 드디어 자기 자신의 존재까지도 의심하게 된다.'

나는 이미 우리의 행복에 건강이 가장 중요한 가치를 지니고 있다는 말을 했지만, 여기서도 건강 유지에 관하여 두세

가지 일반적인 가르침이 되는 기준을 제시해 보고자 한다.

인간은 건강할 동안은 몸 전체의 각 부분을 적당히 움직여 모든 불리한 영향에도 저항할 수 있는 습관을 붙여서 자기 자신을 단련시켜야만 한다. 그리고 전체이건 일부이건 어떤 병적인 증상이 나타나면 빨리 적당한 치료를 해야 한다. 그리하여 병든 몸, 또는 그 부분을 온갖 수단을 다 기울여 잘 보살펴야만 한다. 병들었거나 쇠약한 부분은 단련시킬 수 없으니까.

근육은 쓸수록 강해지는 것이지만 신경은 그 반대로 그렇게 하면 오히려 약해진다. 그러므로 누구나 적당히 그 근육을 움직일 일이며, 반대로 신경은 되도록 쓰지 말아야 한다.

눈은 너무 밝은 빛, 특히 반사를 피해야 하며 어두운 곳에서 일하지 않도록 노력해야 한다. 그리고 미소微小한 것을 계속해서 관찰하는 일이 없도록 조심해야 한다. 마찬가지로 귀도 너무 강한 음성은 조심해야 한다. 특히 뇌수는 억지로 너무 계속해 쓰거나 부당한 혹사를 경계할 일이다.

소화하는 동안은 두뇌를 쉬게 하는 것이 좋다. 왜냐하면, 두뇌로 사상을 만들어 내는 것과 같은 생명력이 위와 내장에서 음식을 소화하기 위해 열심히 일하고 있기 때문이다.

심한 근육노동을 하는 동안은 물론 그 후에도 마찬가지로

두뇌를 쉬게 해야 한다. 그 이유는, 운동신경에 있어서의 사정과 지각신경에 있어서의 그것이 마찬가지다.

우리가 상한 팔다리에서 느끼는 아픔을 참으로 받는 장소는 뇌수에 있는 것처럼 걸어 다니거나 일을 하는 것도, 본래는 팔이나 다리가 아니라 뇌수다. 자세히 말하면 연수延髓와 척수脊髓를 거쳐, 저 사지의 신경을 흥분시켜 이로 말미암아 사지를 움직이는 뇌수이기 때문이다.

우리가 다리나 팔에 느끼는 피로감도 뇌수 속에 있다. 따라서 그 운동이 수의적隨意的인 것, 다시 말해서 그 운동이 뇌수에서 출발하는 근육만이 피로하고 그 반대로 부수의적으로 움직이는 근육, 가령 심장과 같은 것은 피로하지 않는다.

우리가 큰 근육 활동과 정신적인 긴장을 동시에 하고 있거나, 혹은 서로 전후하여 강요할 때도 뇌수가 분명히 장해를 받는 것이다.

산책을 시작할 때나 혹은 가까운 거리를 걸어가는 도중에 가끔 정신 활동이 높아지는 것을 느끼는 것은 이와 모순되는 일이 아니다. 왜냐하면, 이 경우에는 앞에서 말한 수의적인 피로가 아직 나타나지 않는데, 한편으로는 이런 가벼운 근육 활동과 이로 말미암아 증가한 호흡이 그 무렵이 되면 한결

잘 산화酸化된 동맥혈의 뇌수에 오르는 것을 촉진하기 때문이다. 특히 뇌수에는 그 휴식에 필요할 만큼 풍부한 잠을 자는 게 좋다. 수면이 육체에 미치는 작용은 시계에 태엽을 감는 것과 마찬가지이기 때문이다.

이 정도는 뇌수가 발달해 있을수록, 그리고 활동적일수록 더욱 커질 것이다. 그러나 이 정도를 넘는 것은 단지 시간의 손실에 지나지 않는다. 그렇게 되면 이 연장延長에서 얻는 것을 내포內包에서 잃게 되기 때문이다.

수면은 죽음의 한 단편으로, 우리는 그것을 이자를 선지급하고 빌어다가 하루 동안 살기 위해 소비한 생명을 되찾아오곤 한다. 수면은 죽음에서 꾸어온 행위이다. 그것은 생명을 유지하기 위해 죽음에서 꿔오는 것이다. 다시 말해서 수면은 죽음에 지급하는 이자이며, 죽음 자체는 원금의 지불이다. 이자의 지급 방법이 정확하고 규칙적일수록 원금 지급은 더욱 천천히 청구해 올 것이다.

우리들의 사고는 요컨대 뇌수의 유기적인 작용이다. 따라서 노력과 휴식에 관해서는 다른 모든 유기적인 활동과 비슷

한 상태에 있다는 것을 알아야 한다. 지나친 노력이 눈을 해치는 것처럼 뇌수도 이로 말미암아 해를 받는다.

'뇌수가 생각하는 것은 위장이 소화하는 것과 같다.'는 말은 사실이다. 어떤 비물질적인 단순한, 또는 사고하는, 그리고 지칠 줄 모르는 영혼이 뇌수 속에 그저 숙소를 빌어 들고 있을 뿐이다. 아무것도 필요로 하지 않는다는 망상으로 몇몇 사람들을 잘못 인도하여 정상적인 궤도에서 벗어나 정신을 헛되이 소모하기 만들었다. 일찍이 프리드리히 대왕이 수면을 아주 중지해 버리려고 한 것이 그 한 예이다.

철학 교수들은 그와 같은 해로운 망상을 그들의 종교 문답에 적용하려는 엉터리 철학을 강매할 생각은 하지 말아야 한다.

우리는 자기의 정신력을 어디까지나 생리적인 작용으로 보고, 이런 견해에 따라 정신력을 아껴서 사용하고 육체적인 병고나 통증, 위화違和가 정신에 장애를 준다는 것을 잘 알아야 한다. 이에 대하여 가장 잘 논술한 것은 카바니스1757~1808, 프랑스 철학자가 쓴 〈인간의 육체 정신에 관한 보고연구〉이다. 여기서 말한 충고를 소홀히 하여 많은 위대한 사상가나 학자들이 늙어서 어린이처럼 되고, 끝내는 망상광妄想狂이 되는 일이

때때로 일어난다.

가령 이 세기에서 인기 있는 영국 시인 월터 스코트, 워즈워드, 사우디 1774~1843, 영국의 역사학자 등 많은 사람이 늙어서, 아니 아직 60대인데도 일찌감치 정신이 둔화하여 무능해지고, 나아가서는 백치가 될 정도로 비참하게 된 것은 그들이 저마다 비싼 보수에 유혹되어 저술을 장삿속으로 써 갈겼기 때문이다. 즉, 돈 때문에 글을 썼기 때문이라고 할 수 있다.

이런 일들이 자연에 어긋나는 노력에도 오도되므로, 그의 영마靈馬에 멍에를 얹어 혹사하거나 그의 시신詩神에 매를 얹는 사람은 애욕의 신에게 강제로 봉사한 사람과 마찬가지로 반드시 합당한 재앙을 가져오게 마련이다. 나는 칸트까지도 말년에 유명하게 된 후로 일을 너무 많이 했기 때문에 그의 생애 최후의 4년 동안은 제2의 유년기를 맞이한 것처럼 잘못 생각하고 있다.

일 년 중에서도 달마다 우리의 건강에 대하여, 또는 우리의 육체에 대하여, 나아가서는 정신상태에 대하여 기상학적으로 특수하면서도 직접적인 영향을 주는 것이다.

Chapter 2

운명의 여신은 두 팔 벌려 맞이하라

쇼펜하우어
인생 편의점

1 지배적인 힘의 원천은 지혜와 힘과 행운이다

인간의 생활은 여러 가지 형태를 취하지만 본질적인 것은 언제나 어디서나 마찬가지이다. 이는 그 장소가 초막草幕이건 궁궐이건 사원寺院이건, 또는 군대에서 생활하더라도 다를 것이 없다.

거기서는 모험도 있고 행복과 불행이 공존하지만, 그 밖의 여러 가지 일들도 함께 일어난다. 여러 가지 모양으로 만든 과자의 재료가 같은 밀가루로 되어있는 것처럼 A의 경험과 B의 경험은 본인들이 생각하고 있는 것처럼 그렇게 차이가

많은 것은 아니다.

모든 행운과 액운은 본질상 똑같이 인간의 운명이 지닌 거세고 잔잔한 파도에 지나지 않는다. 만화경의 동체를 돌리면 그 속에 들어있는 렌즈의 조화로 여러 가지 색다른 그림이 나타나지만, 실제로는 같은 그림을 보고 있는 것처럼 인생의 모든 관계 또한 이와 다를 것이 없는 것과 마찬가지다.

세상에는 세 가지 지배적인 힘이 있다고 어느 옛사람이 말하고 있다.

그것은 지혜와 힘과 행운이다.

나는 마지막에 열거한 행운이 가장 많은 일을 할 수 있는 능력을 갖추고 있다고 생각한다. 인생은 배의 항로와 비교할 수 있다. 운명이 바람의 역할을 하려 우리를 재빨리 멀리 운반해 가기도 하고, 때로는 멀리서 되돌려 보내기도 하는데, 이에 대한 우리의 노력이나 분투는 별로 힘을 쓰지 못한다. 이때 이 노력이나 분투가 노櫓의 역할을 하여 많은 시간을 허비하면서 오랫동안 애쓴 나머지 얼마간 전진하였다고 생각하면 갑자기 회오리바람이 일어나 우리가 지금까지 전진해

온 거리만큼 후퇴시킨다.

그러나 순풍이 불어올 때 우리를 계속해서 전진하게 하므로 우리는 노를 저어나갈 필요도 없을 정도이다. 행운은 이와 같은 힘을 가진 것에 스페인의 격언은 매우 적절하고 훌륭하게 표현하고 있다.

'그대의 자식에게 행운을 주어 바다에 내던지라.'

그러나 운명의 일면은 악의에 가득 차 있으므로 이것만은 신뢰해서는 안 된다. 그러나 이 행운만은 참된 은인이요 또는 설교자라는 것도 잊어서는 안 된다. 즉, 운명이라는 인생의 제왕은 우리에게 여러 가지 은총을 베풀어 주는 동시에 우리를 학대하기도 하고 또한 우리의 소유를 빼앗아 간다.

운명이 가져다주는 것에 대해 우리는 본래 아무런 청구권도 소유하고 있지 않다. 그것은 조금도 인간의 참된 가치나 공로에 의한 것이 아니며 오직 운명의 호의와 은총으로 주어진 것이다. 그러므로 우리는 앞으로도 자기의 공로가 아닌 이러한 은총을 받을 것이라는 즐거운 기대를 하게 된다.

따라서 운명이야말로 무진장의 은총과 교훈을 함께 지닌 우리의 제왕이요 또한 스승으로, 그 사랑과 은총에 비하면 우리의 공적은 실로 보잘것없는 것이다.

우리는 여러 가지 방황과 탈선으로 충만한 지난날을 돌아보고 놓쳐 버린 많은 행복과 닥쳐올 불행을 생각하며 자기 자신이 행한 불찰을 타박하지만, 그것은 당치 않은 일이다. 왜냐하면, 우리들의 지난날에 일어난 모든 일은 결코 우리 자신만의 책임이 아니기 때문이다.

우리 생애는 외부의 현실적인 조건과 자기를 합친 두 인수因數에서 비롯된 결과로, 이 양자는 언제나 밀접한 관계를 갖고 서로가 서로에게 영향을 주어 변화를 불러일으킨다. 그런데 이 양자에 대한 우리들의 타고난 능력은 매우 보잘것없어 시간적으로 조금만 떠나 있으면 외부의 현실적인 조건은 물론 자기 자신의 결의도 예측할 수 없게 되어 현재의 결의와 조건으로 헤아릴 수 있을 따름이다.

그러므로 어떤 목적을 향해 똑바로 나아갈 수 없고 다만 그 방향을 대충 짐작해 노를 잡아 나갈 뿐이므로, 몇 번이고 돛을 바꾸어 달며 뱃길을 변경해야 한다. 요컨대 우리가 할 수 있는 것의 전부는 오직 현재의 처지를 참작하여서 되도록 자기가 뜻하는 목적에 접근할 수 있도록 하는 것뿐이다.

대체로 외부의 조건과 우리의 결심은 다른 방향으로 움직이는 힘이요, 우리의 생애는 거기서 그어지는 하나의 대각선

이다. 그러므로 테렌티우스B.C 195?~159?, 로마의 희극 시인는 이렇게 말하고 있다.

> 인생은, 자기가 바라는 주사위가 손에 들어오지 않더라도
> 우연히 가져다준 주사위를 이용하도록 해야 한다.

주사위를 뒤섞는 것은 운명이고, 경쟁하는 것은 우리 자신이라고 할 수 있을 것이다.

우리의 현실적인 관찰을 말한다면 다음과 같은 비유가 가장 적절하지 않을까.

> 인생은 장기와 같은 것으로,
> 우리는 어떤 계획을 세우기는 하지만
> 장기의 경우에는 상대방의 수법에 따라,
> 그리고 인생에서는 운명에 의해
> 많은 영향과 변화를 일으키게 되기 때문에
> 본래의 계획대로 되지 않는 법이다.

또한, 인간의 생존에는 이보다 더 뿌리 깊은 것이 있다. 그

것은, 우리는 자기 자신이 보고 있는 것보다 훨씬 어리석은 자라는 평범한, 그리고 유감스럽게도 너무나 자주 입증되는 진리이다. 이것이 인생을 크게 지배하지만, 이 점에 대하여 현명한 견해를 가지려면 많은 경험과 성찰을 거쳐야 한다.

인간의 내부에는 두뇌보다도 훨씬 현명한 무엇이 있다. 즉, 우리는 사는 동안에 어떤 난관이나 큰일을 당하면, 자기가 무엇을 해야 좋을지 분명히 알고 행동하는 것이 아니라 마음속 깊숙이 숨어 있는 충동 때문에 행동하게 된다. 이 충동은 일종의 본능이라고도 할 힘으로, 인간의 가장 깊은 곳에서 나타난다.

우리는 이와 같은 근본적인 원동력을 의식할 수는 없다. 그리고 '한 가지 사건은 반드시 모든 사람에게 적용되는 것은 아니다.'라는 것을 잊어버리기 쉽다. 그리하여 분명하기는 하지만 조잡하기 그지없는 인공적인 관념이나 일반적인 법칙, 또는 타인의 실례實例에 의해 자기의 과거를 평가하려고 든다. 그리고 그 생애가 끝날 무렵 자기가 걸어온 발자취에 대해 객관적인 입장에서 관찰하고 비로소 모든 근본 원인을 확실하게 알 수 있다. 그러므로 노인의 양식良識만이 자기의 생애를 올바로 비판할 자격을 갖는 것이다.

그리고 인간의 내면적인 자아에는 일종의 신비로운 묵시가 있어 우리는 잘 의식하지 못하지만, 본능적인 충동을 인도하는 것으로 보인다. 이와 같은 내면적인 자아의 묵시가 예언으로 작용하기 때문에 인간의 생애에는 일정한 질서가 형성된다.

마치 희곡에 있어서와 같은 질서나 통일이 주어져 있으며, 이와 같은 질서나 통일은 자주 동요되거나 방황하거나, 변덕을 부리기 쉬운 두뇌의 의식에서는 이러한 질서나 통일은 우리의 생활에 직접적으로 영향을 줄 수 없다.

그리고 이 질서와 통일에서 어떤 위대한 사업을 하도록 숙명적으로 태어난 사람은 이 사실을 어렸을 때부터 마음속에 몰래 느끼고, 마치 꿀벌이 집을 짓는 것처럼 이 일을 위해 힘쓰는 것이다. 그것은 모든 사람에게는 스페인의 철학자 그라시안이 위대한 진실이라고 말한 것, 즉 그것 없이는 누구나 멸망하고 마는 자기 자신에 대한 본능적인 위대한 보호와 감독이다.

사람들이 추상적인 여러 가지 원칙에 따라서 행동하는 것은 어려운 일이며 많은 훈련을 거쳐서 비로소 성공을 거두게 되지만, 이 경우에도 번번이 그렇게 된다고만은 보장할 수 없

으며, 또한 그 원칙도 충분하다고 할 수는 없다.

이와 반대로 모든 사람은 이 세상에 태어나면서부터 어느 정도 구체적인 여러 가지 원칙을 갖고 있으며 이 원칙은 그의 모든 사유와 감정과 의지의 결과이며, 그의 핏줄에도 스며 있는 것이다.

우리는 이 원칙을 추상적으로는 알지 못하지만, 그 생애를 돌이켜 볼 때 비로소 눈에 보이지 않는 실처럼 이 원칙에 따라왔다는 것을 깨닫게 된다. 그리고 이 여러 가지 원칙은 그 성질에 의해 그를 행복하게 할 수도 있고 불행하게 할 수도 있다.

인간은 언제나 시간의 효과와 사물의 변천에 따라 현재 일어나고 있는 모든 일에 대하여 그와는 정반대의 경우를 예상할 필요가 있다.

즉, 행복할 때에는 불행을 예상하고, 우애에 대해서는 반목을, 좋은 날씨에는 나쁜 날씨를, 사랑 가운데 미움을, 신뢰와 고백에 대해서는 배신과 회한悔恨을 예상해야 한다. 다시 말해서 언제나 그 반대의 경우를 분명히 머릿속에 그려 두어야

한다는 것이다.

그렇게 하면 우리는 언제나 생각이 깊어 좀처럼 속지 않을 것이다. 또한, 이것은 처세를 위한 지식의 영원한 원천이 되어 줄 것이다. 그러면 우리는 이에 의해 시간의 효과만이라도 미리 알 수 있을 것이다.

그러나 경험은 어떠한 인식에 있어서나 사물의 무상無常과 추이推移의 올바른 평가에 불가결한 것이라고는 할 수 없다. 눈앞에 일어나고 있는 모든 현상은 그것이 지속하는 한 필연적인 것이며, 충분한 이유가 있다. 그리하여 각각 해와 달과 날은 마치 이제야 존재 이유를 보유하려고 하는 것처럼 보이는 동시에, 모든 것이 영원히 존속되는 듯이 생각된다.

그러나 어떠한 상태도 그런 보장을 완벽하게 받을 수는 없으며, 유일하고도 영원한 현상은 오직 변화뿐이다.

현자란 외관상의 모습에 미혹되지 않고 변화가 일어날 시간과 장소를 재빨리 예측할 수 있는 사람이다. 거의 모든 사람이 언제나 사물의 일시적인 상태나 과정을 그대로 존속되는 것으로 생각하는 것은 그들의 효과만을 인정하고 원인을 이해하지 못하기 때문이다.

2 현명한 사람은 악마들에게 제물을 많이 준다

평범한 사람과 현명한 사람의 차이는 일상생활에서 찾아볼 수가 있다. 앞으로 닥쳐올 위험에 대하여 미리 생각하거나 그 정도를 예측하는 경우에, 보통 사람은 언제나 전에 일어난 그와 비슷한 사건과 비교하여 검토해 볼 뿐이지만 현자는 앞으로 일어날 가망이 있는 일에 대해서도 예측한다.

스페인의 속담처럼 '일 년이 되도록 일어나지 않은 일이 불과 1분 사이에 일어난다.'라는 것을 명시한다. 이러한 차이는 매우 자연스러운 것으로, 앞으로 일어날지도 모르는 일을

미리 내다보려면 지혜를 필요로 하지만, 이미 일어난 일을 뒤돌아보는 데는 단지 감각만으로 충분하다.

우리의 격언은 이래야 하지 않을까. '악마들에게 제물을 줘라!' 그 의미는, 어떤 불행이 닥쳐올 것에 대비해 대문을 꼭 닫아 두기 위해서는 어느 정도의 수고와 시간과 불편, 번거로움, 돈 또는 인내 등을 싫어해서는 안 된다는 것이다.

그리고 이 제물이 크면 클수록 불행은 적어지고 멀리 사라져 좀처럼 닥쳐올 듯이 보이지 않는 것이다. 이와 같은 제물에 가장 두드러지게 나타난 것이 보험료이다. 이것은 모든 사람이 악마의 제단에 바치는 제물과 같은 것이다.

우리는 우리에게 무슨 일이 일어나더라도 지나치게 기뻐하거나 슬퍼해서는 안 된다. 왜냐하면, 모든 사물을 끊임없이 변화하므로 언제 정반대의 현상이 나타날지 모르며 행복과 불행, 또는 반가운 일과 혐오스러운 일에 대한 우리들의 판단은 확실하지 않다는 것이다. 전에 자기가 한탄한 것도 나중에 돌이켜 생각해 보면 오히려 큰 경사일 수도 있고, 오히려 두통거리가 된 것도 전에는 무척 기뻐한 일이 얼마든지 있기

때문이다.

셰익스피어도 이에 대하여 다음과 같이 아름답게 표현하고 있다.

> 나는 몇 번이고
> 기쁨과 슬픔을 낱낱이 맛보았으므로
> 그 어느 쪽에 대해서도 처음부터 담담한 마음으로 맞이한다.
>
> **—〈끝이 좋으면 모든 것이 좋다〉**

불행에 대하여 참으로 침묵을 지킬 수 있는 사람은 이 세상에 불행과 화근이 얼마나 많으며, 또 그것이 얼마나 끔찍한 일인가를 잘 알고 있는 사람이다. 이런 사람은 현재 당하고 있는 재앙은 얼마든지 있을 수 있고, 또 일어날 가망이 있는 모든 재앙은 얼마든지 있을 수 있다고 생각하는 사람이다. 그리고 그것은 앞으로 일어날 가망이 있는 모든 재앙 가운데서 극히 적은 부분이라고 생각한다.

이것은 바로 스토아 철학에 따른 실천적 삶의 방식에 따른 사고방식이다. 이에 따르면 인간은 결코 인간의 조건을 잊어서는 안 되며, 인간이라는 존재가 얼마나 비통한 운명에 놓여

있으며, 세상에 대해 나타나는 재앙이 얼마나 많은가를 언제나 염두에 두어야 한다는 것이다.

이와 같은 신조를 철저히 간직하려면 자기의 주위를 한번 돌아보면 충분할 것이다. 그때 곳곳에서 목격할 수 있는 것은 이른바 생존이라는 것은, 비참하고 허망하여 아무 보람도 없는 고난뿐이라는 것을 알 수 있다.

그러므로 우리는 차라리 이와 같은 인생에 대하여 소극적으로 되도록 자기 욕망을 제한하여 모든 사물이 불완전하고 여의치 못한 것을 참아 나가야 할 것이다. 따라서 모든 재앙은 침착하게 예방하거나 인내하여 생존의 요소는 허다한 재앙에 불과하다는 것을 명심해야 한다.

그렇다고 우리는 언제나 우울해지거나, 베리즈포드1764~1840, 영국의 수필가처럼 시시각각으로 닥쳐오는 인생의 참사에 대하여 슬픔에 잠기고 얼굴을 찌푸려서도 안 된다. 또한 '벼룩에 물렸다고 해서 신에게 도움을 청해서는' 안 된다.

우리는 어디까지나 지각 있는 사람이기 때문에 설사 액운이 인간에게서나 혹은 사물에서 일어나더라도 이에 앞서 예방하기 위해 세밀한 주의를 기울이는 동시에 저 동화에 나오는 영리한 여우처럼 크고 작은 모든 재앙을 조심스럽게 피하

도록 해야 한다.

대체로 모든 불행은 예상하여 각오하고 있으면 실제로 불행을 당했을 때 견디기가 한결 쉬운 법이다. 재난을 있을 수 있는 일로 생각하면 그 재앙의 정도를 헤아리게 되어, 적어도 그것을 유한有限한 것으로 간주할 수 있게 된다. 그렇게 되면 인간은 재난으로부터 실제 이상의 영향을 받지 않는다.

그러나 이와 같은 예상을 전혀 하지 않고 있다가 갑자기 당하면, 놀라움과 두려움이 앞서기 때문에 그 재난이 가진 실제의 크기를 헤아릴 수 없어 실제보다 엄청나게 크게 생각되므로 견디기가 한결 어렵게 된다. 이처럼 모든 재난에 어려움을 주는 것은 그 재난의 정체를 분명히 파악하지 못하기 때문이다.

그런데 앞에서 말한 바와 같이 우리가 어떤 불행한 일을 예상하면, 그것이 실제로 닥쳐왔을 경우 어떻게 해야겠다는 방법도 아울러 생각해 두기 때문에 거기에 대한 예비적인 경험을 마음속으로 하고 있으므로 괴로움을 한결 덜 수 있다.

그러나 불행한 사건을 냉정하게 잘 참아 나가게 하는 것은 내가 일찍이 '의지의 자유'에 대한 논문에서 근본적으로 설명한 것처럼, 모든 사건은 크고 작고 간에 필연적으로 일어

난다고 생각하는 일이다. 불가피한 일에 대해서는 쉽사리 체념하는 것이 인간이 가지고 있는 인지상정이므로 위에서 말한 진리를 확신하면 우연히 당하는 일도, 일반적인 법칙에서 일어나는 물리적인 현상이나, 엄밀히 예측할 수 있는 자연현상처럼 사람의 힘을 능가하는 필연적인 결과로 생각할 수 있다.

이것을 확신하는 사람은 우선 자기 힘으로 할 수 있는 일은 하고, 그 후에 자기가 당해야 할 고뇌를 의지적으로 참아 나갈 것이다.

우리가 시시각각으로 시달림을 당하는 여러 가지 사소한 불행은 오히려 우리를 의지를 연마하여, 나중에도 큰 재앙을 슬기롭게 감당해 나가기 위한 예비훈련이라고 보아야 한다. 그러므로 우리가 매일 당하는 번거로운 일이나 대인관계에서 일어나는 여러 가지 마찰과 충돌, 무례, 험구 등에 대해서는, 불사신인 지그프리드 독일과 북구의 오랜 전설에 나오는 유명한 영웅 가 되어야 한다.

다시 말해서 이런 일은 전혀 대수롭지 않게 생각해야 한다는 것이다. 따라서 그것을 마음속에 담아 두고 고민할 것이 아니라 이러한 모든 것을 상종도 하지 말고, 마치 길가에 널

려 있는 조약돌처럼 발길로 차버리고 개의치 말아야 한다는 뜻이다.

3
처세에 정통한 사람은 경거망동하거나 우유부단하지 않다

운명이란 자기 자신이 우매한 데서 오는 경우가 많다.

호메로스도 〈일리아스〉에서 메티스그리스 신화에 나오는 해신, 오케아누스의 딸가 총명하고 신중한 사려思慮를 권고하는 저 놀라운 대목은 아무리 명심하여도 충분치 않을 것이다. 왜냐하면, 사악한 행동은 제 세상에 가서 비로소 처벌을 받지만 어리석은 행동은 이 세상에서 처벌을 받기 때문이다. 하기는 가끔 관용을 받는 일도 있지만.

화가 난 듯한 눈을 가진 자보다 오히려 현명한 듯한 눈을

가지고 있는 사람이 사납고 위험한 인물인 것 같다. 이것은 인간의 두뇌가 사자의 발톱보다 훨씬 무서운 무기인 것과 마찬가지로 분명한 일이다.

따라서 처세에 정통한 사람은 절대 우유부단하지 않고, 경거망동에서 벗어나 있다.

행복을 얻는 데는 지혜 다음에 용기가 매우 중요하다.

우리는 그 어느 것도 스스로 얻을 수 없으며 지혜는 어머니로부터 유전되고 용기는 아버지에게서 유전된다. 그리고 이와 같이 해서 얻어진 지혜와 용기는 결심과 훈련으로 증가시킬 수 있다.

운명의 주사위가 사정없이 굴러가는 이 세상에서는, 운명과 인간에 대하여 든든한 갑옷을 입고 언제나 강철 같은 굳센 마음을 지니고 있어야 한다. 인생은 계속되는 경쟁과 싸움이며, 한 발짝 앞으로 나갈 적마다 싸워야 하기 때문이다. 볼테르는, '이 세상에서 성공을 거두려면 죽을 때까지 칼을 손에서 놓지 말아야 한다.'고 했는데, 이것은 지극히 타당한 말이다. 그러므로 위태로운 먹구름이 덮여 오거나, 혹은 구름이

지평선에 나타나기만 해도 벌써 위축되거나 겁을 내고 비명을 지르는 것은 그야말로 비겁한 짓이다. 차라리 우리의 표어는 이렇게 쓰자.

> 불행에 꺾이지 말라.
> 오히려 대담하게 불행에 도전해 나가라.
>
> **— 베르길리우스 〈아이네이스〉**

위험이 많은 사업에 종사할 때에도 한 가닥 희망이 엿보이면 곧 행운이 돌아올지도 모르며, 하늘의 어느 한 모퉁이에 파란 여백만 있어도 날씨가 갤 가망이 보여 실망할 필요가 없는 것처럼 끝까지 싸워나가야 하며 결코 실망해서는 안 된다. 우리는 오히려 이렇게 외쳐야 할 것이다.

> 지구가 파열되어 산산조각이 나더라도
> 의로운 자는 결코 놀라지 않는다.
>
> **— 호라티우스 〈송가〉**

인생 자체는 비겁해지거나 두려워질 정도로 고약하지는

않다. 하물며 우리의 재산이야 더 말할 나위가 없다.

그러므로 굳세게 살아나가라.
역경을 향해 용감하게 대결하라.

그러나 용기도 지나치면 만용이 된다는 것을 알아야 한다. 우리가 이 세상을 살아가는 데 어느 정도의 공포심은 필요하지만, 비겁함은 지나친 공포에서 비롯된 것이다.

이런 점을 프란시스 베이컨도 공포에 대한 어원적인 해석에서 적절히 해명하고 있다. 즉, 이 말을 인격화된 자연으로서의 판Pan : 그리스 신화에 나오는 삼림과 목축과 사냥의 신 이라는 신의 이름에서 비롯되었다고 하며, 이어서 이렇게 주장하였다.

자연이 모든 생물에게 공포심을 준 것은
그들이 삶을 유지하고 육신을 보호토록
모든 위험에서 미리 몸을 피하려는 것이다.
그러나 자연도 그 정도를 적당히 조화시킬 수 없어,
목적에 유용한 공포 속에 언제나 어리석은 공포를 혼동한다.
그러므로 우리가 모든 생물의 마음속을 들여다볼 수 있다면,

그들에게는 그중에서도 특히 인류에게는
두려움을 느끼기 쉬운 약점이 있다는 것을 알게 될 것이다.

—〈고대인의 지혜에 대하여〉

그리고 이 공포의 특징은 그 동기를 분명히 의식하지 않고 있으므로 실제로 존재하는 동기보다 어떤 가상적인 동기로 말미암아 두려움을 느끼게 되며, 나아가서는 두려움 자체가 두려움의 동기가 되는 일도 있는 것이다.

24

PART 2

처세에 관하여

Chapter 3

슬픔은 어떻게 삶의 지혜가 되는가

쇼펜하우어
인생 편의점

1 현명한 사람은 기쁨을 찾기보다 슬픔이 없기를 요구한다

내가 처세의 최고 기준이라고 생각하는 것은 아리스토텔레스가 〈니코마코스 윤리학〉에서 말한 '현명한 사람은 슬픔이 없기를 요구하되 기쁨을 찾지 않는다.'라는 명제이다. 이 말의 진정한 의미는 모든 향락과 행복은 소극적인 것이지만, 고통은 적극적인 것이라는 의미이다.

이 명제의 해설과 증명은 나의 저서 〈의지와 표상으로서의 세계〉에 서술되어 있다. 그러나 나는 여기서도 날마다 보고 듣는 사실에 관하여 이야기하려고 한다.

몸은 건강하여도 약간의 상처나 통증이 있으면 전체의 건강은 도외시되고, 주위는 끊임없이 상처에 쏠려 살아 있는 쾌적한 감각은 그 때문에 사라지게 마련이다.

이와 마찬가지로, 모든 일이 우리의 뜻대로 되어가도 오직 한 가지 일만 우리의 의도에 어긋나면 그것이 하찮은 것이라도 우리의 머리를 계속 자극한다. 즉, 우리는 이에 대하여 몇 번이고 생각해 보지만, 뜻대로 되어가는 다른 모든 소중한 일들에 대해서는 별로 염두에 두지도 않는다.

이 양자의 경우, 상처를 받은 것은 의지이다. 상세히 말하면, 전자도 객관화된 신체가 되어있는 의지이며, 후자의 경우에는 객관화된 인간의 노력이 되어있는 의지이다. 그리하여 양자의 경우, 의지에 만족을 주는 것은 언제나 소극적으로 작용할 뿐이기 때문에 직접으로 감각되는 일은 전혀 없고, 기껏해서 성찰을 거쳐 의식에 떠오를 따름이다.

이와 반대로, 의지의 억제는 적극적인 것이므로 자기 자신에게 뚜렷이 의식된다. 모든 향락은 단지 억제를 제지하거나 억제에서 벗어나는 것이므로 그 기간은 짧은 것이다.

이것은 아리스토텔레스의 기준에 기초가 되어있다. 그것은 우리들의 목표를 인생의 여러 가지 향락이나 기쁨에 두지

않고, 살아가는 동안에 여러 번 당하게 마련인 재앙에서 될 수 있는 대로 몸을 피하라고 했다. 이 길이 정당한 것이 아니었다면 볼테르의 '행복은 꿈에 지나지 않으며 고통은 현실이다.'라는 말은 실제로 사실인 것 같지만 거짓말이라는 이야기가 될 수밖에 없다.

그러므로 행복론적으로 반성해 보고 자기 생애의 결산을 하려고 하는 사람은 스스로 인생을 즐긴 기쁨의 가지 수에 의해서가 아니라, 그가 무난히 넘긴 재앙의 가지 수에 의해 계산서를 작성해야 할 것이다. 따라서 행복론은 그 명칭 자체가 '행복하게 산다.'는 말은 '불행을 줄이고' '그럭저럭 살아간다.'는 의미가 있을 뿐이라는 가르침에서 시작해야 한다.

인생은 분명히 본래 향락을 누리기 위한 것이 아니라 극복하고 처리해 나가기 위해 있는 것이다. 이 사실은 여러 가지 말로 표현할 수 있다. 라틴어로는 '세상에 태어난 이상 죽기까지 살아야 한다.' 이탈리아어로는 '인생을 적당히 즐겼으면 도망칠 일이다.' 독일어로는 '인간은 세상을 이겨나가도록 힘써야 한다.' 또는 '그는 일찌감치 세상을 통과해 버릴 것이다.' 등등.

그렇다, 일생의 활동이 끝났다는 의미에서 늙은이의 마음

은 홀가분한 것이다. 그러므로 가장 행복한 사람은 정신적으로나 육체적으로도 심한 고통을 받지 않고 살아온 사람을 가리키며, 엄청난 기쁨이나 최대의 향락을 누린 사람은 아니다. 이런 것을 염두에 두고 인생의 행복을 측정하려고 생각하는 사람의 척도는 잘못되어 있는 것이다.

뭐니 뭐니 해도 향락은 소극적인 것으로, 그것은 어디까지나 소극적인 것 이상이 될 수 없다. 그러므로 인간이 행복하게 된다고 생각하는 것은, 질투가 자기를 처벌하기 위해 품은 망상에 지나지 않는다.

고통이 없는 상태에 권태까지 동반하지 않은 생활을 하게 된다면 참으로 이 세상의 행복에 도달했다고 할 수 있다. 이 밖의 것은 망상이다.

그러므로 사람들은 결코 고통을 참으며, 아니 고통의 모험을 무릅쓰면서까지 향락을 사들이려고 해서는 안 된다는 것이다. 만일 그렇게 한다면 소극적인 것과 환상과 같은 것을 사들이기 위해 적극적인 것, 실재적인 것을 내는 것이 되기 때문이다.

이와 반대로 고통에서 벗어나기 위해 향락을 희생한다면 그는 이득을 보고 있다.

이 양자의 경우에, 고통이 향락을 뒤쫓거나 앞지르는 둘 중의 어느 하나라도 무방하다. 이 괴로운 무대를 환락경歡樂境으로 변경시키려고 하거나, 되도록 고통을 없애려고 생각하는 대신에 향락과 기쁨을 탐닉하려고 하는 것은 최대의 전도轉倒이지만, 많은 사람이 그런 일을 예사로 하고 있다는 것이다.

이와 비교하면 지나치게 우울한 눈으로 이 세상을 지옥으로 간주하고 무작정 지옥 속에 하나의 견고한 방을 마련할 생각만 하는 사람은 아직도 미혹에 덜 빠져 있는 편이다. 어리석은 자는 인생의 향락을 찾아 헤매다가는 실망하게 된다.

현명한 사람은 재난을 잘 피한다. 그러나 현명한 자라도 재난을 잘못 피하는 경우가 있다. 그러나 그것은 운명의 소치로써 결코 그가 어리석었기 때문이 아니다. 그가 아무리 잘 해도 다소의 재난은 분명히 존재하기 때문이다. 설사 그가 재난을 너무 일찍부터 회피하여 향락을 누리 필요가 전혀 없을 정도로 희생하였다고 하더라도 아무것도 잃은 것은 없다. 즉, 향락은 모두가 악몽과 같은 것으로 향락 자체에 권태를 느꼈다고 하더라도 그 향락을 마땅찮게 생각하는 것은 아무짝에도 쓸데없는 일이라고 할 수 있다.

이 진리를 낙천주의에 억눌려 잘못 보는 것은 많은 불행의

원천이 된다. 왜냐하면, 고뇌에서 벗어나 있는 동안은 안정을 잃은 소망이 전혀 있지도 않은 행복의 그림자를 우리 눈에 번뜩이게 하여, 이 그림자를 뒤쫓도록 우리를 유혹하기 때문이다.

이로 말미암아 우리는 실재하는 것을 부정할 수 없게 되는 고통을 느끼게 된다. 그래서 우리는 고통이 없는 상태를—그것이 지나가 버리고 있지도 않은데, 마치 농담이나 하고 세월을 보내는 낙원이라도 되는 것처럼 새삼 동경하거나, 있었던 일을 없었던 것처럼 할 수는 없을까 하는 헛된 소망을 갖게 된다.

그것은 마치 진실한 행복인 고통이 없는 상태에서 우리는 어떤 악질적인 악마가 끊임없이 소망의 여러 가지 환상으로써 유인하는 듯한 느낌이 들게 한다. 잘 생각해 보지도 않고 젊은이들은 이 세상이 향락을 위해 있는 것이라고 믿고, 여기에도 어떤 적극적인 행복이 살고 있으며, 그 행복을 놓치는 것은 다만 자기를 지배하는 능력이 없는 사람이라고 생각하고 있다.

젊은이들을 이렇게 생각하게 한 것은 소설이나 시, 그리고 곳곳에서 찾아볼 수 있는 그릇된 신조이다. 그들은 적극적인

행복을 추구하면서 그 행복은 적극적인 향락으로 이루어져야 한다고 생각하고 있다. 그리하여 위험을 무릅쓰고 결판을 내리고 있다.

그런데 이와 같은 행복 추구는 전혀 있지도 않은 가공架空의 목적을 노리므로 반드시 실재하는 적극적인 불행을 초래하게 되며, 이것은 고통과 고뇌, 질병, 손실, 근심, 가난, 치욕 등으로 나타난다. 나중에야 이것들의 환멸에서 깨어나지만 이미 늦는 것이다.

그러므로 이런 결과를 초래하기 전에 지금까지 말해 온 바와 같은 규칙을 지켜 생활계획을 궁핍이나 병이나 그 밖의 모든 곤경을 멀리하는 방향으로 밀고 나가면 목적이 뚜렷하여 어떤 성과를 보게 될 것이다. 일을 많이 성취하고 싶으면 있지도 않은 적극적인 행복을 추구하는 방향으로 생활계획을 세움으로써 훼방을 당하지 않도록 힘써야 한다.

이와 거의 같은 말을 괴테는 〈친화력〉에서 남의 행복을 위해 힘쓰는 미틀러의 입을 빌려 이렇게 말하고 있다.

"재앙을 받지 않으려는 사람은 평소에 자기가 무엇을 원해야 하는지 알고 있다. 자기가 가진 것보다 더 좋은 것을 바라는 사람은 눈뜬장님이다."

그리고 이 말은 '더 좋은 것은 참으로 좋은 것의 적이다' 하는 아름다운 프랑스의 속담을 연상케 한다.

여기서 견유주의犬儒主義의 근본 사상을 엿볼 수 있는 것은 나의 저서 〈의지와 표상으로서의 세계〉에 서술한 그대로이다. 요컨대 견유학파犬儒學派로 하여금 모든 향락을 버리게 한 원인이 많든 적든 이 향락과 결부된 고통에 관한 사상이 아니고 무엇이겠는가. 이 고통을 피하는 편이 그들로서는 향락을 얻는 것보다도 더욱 중요한 일로 생각되었다.

쉴러가 말한 바와 같이 우리는 저마다 아르카디아그리스 페르폰네소스 반도 중앙에 있는 땅. 마음 편히 사는 신들이 모여드는 곳 태생이다. 다시 말하면 우리는 행복과 향락의 청구권을 충분히 갖고 이 세상에 태어났다. 그리고 이 청구권을 관철하려는 어리석은 기대를 가슴에 품고 있다.

그러나 이윽고 운명이 우리의 모든 것을 허사로 만들어 버리고는—우리의 것은 하나도 없다. 모두가 그의 것이라고 가르쳐 준다. 운명은 우리의 모든 소유와 소득에 대하여—팔다리와 눈과 귀, 아니 얼굴 한복판의 코에 대해서도 분명히 어떤 권리를 가진 것이다.

그 어느 경우에나 얼마 후에는 그러한 경험이, 행복과 향

락은 멀리서 바라만 보일 뿐 가까이 다가가면 사라져 버리는 아지랑이 같은 것이지만, 고뇌와 고통은 이와 반대로 현실성을 가지고 직접 자기 자신을 드러내는 것이다. 이것이야말로 착각도 아니고 허망한 것도 아님을 가르쳐 주게 된다. 이 가르침이 몸에 배면 우리는 행복과 향락을 추구하는 것을 단념하고, 오히려 고통과 고뇌의 길을 막으려고 힘쓴다.

우리는 이 세상이 제공해 줄 듯싶은 것 중에서 제일 좋은 것은 고통이 없는 평온하고 견딜 만한 생활이다. 이런 생활 태도를 더욱 분명히 익히기 위해 이런 생활에 따르는 여러 가지 요구도 제한하게 된다. 심한 불행에 빠지지 않으려면 엄청난 행복을 바라지 않는 것이 가장 확실한 수단이기 때문이다.

괴테의 청년기 시절 친구인 멜크1741~1791는 이것을 인정하고 그의 왕복서한집往復書翰集에 '최상의 행복에 대한—우리가 꿈꾸는 행복—비천하고 터무니없는 소망은 이 세상의 모든 것을 희생시킨다. 이 소망에서 떠나 자기가 현재 소유하고 있는 것 이외에는 아무것도 바라지 않는 사람은 그럭저럭 살아갈 수 있다.'고 쓰고 있다.

우리는 분명히 향락, 소유, 지위, 명예 등에 대한 자기의 청

구권을 적당히 인하하는 것이 상책이라는 것을 알아야 한다. 역시 행복과 영화, 향락에 대한 노력이나 분투는 커다란 불행을 초래하기 때문이다. 그러나 크게 불행하기는 매우 쉬운 일이지만, 반대로 크게 행복하기는 매우 어려운 일일 뿐만 아니라 전혀 불가능하다는 이유만으로도 앞에서 말한 생활 태도는 현명하고 유리하다고 하겠다. 그래서 처세의 지혜에 뛰어난 시인은 적절히 노래하고 있다.

> 절도節度를 황금보다 더 소중히 여기고 분수를 지키는 사람은
> 화려한 고루거각高樓巨閣의 생활을 부러워하지 않는다.
> 높은 소나무 가지는 바람에 흔들리는 일이 많고
> 우뚝 솟은 성곽의 높은 탑은 무너지기 쉽다.
> 산봉우리는 자주 벼락을 맞느니라.
>
> —호라티우스 〈송가〉

그러나 나의 철학의 가르침을 충분히 체득하고 우리의 전 존재全存在는 오히려 없는 편이 나을 정도이며, 이것을 부정하고 거부하는 것이 가장 큰 지혜임을 알게 된 사람은 어떤 사물이나 사태에 대해서도 큰 기대를 걸지 않고 이 세상에

있는 것은 애써 손에 넣으려고 하지 않고, 또 자기가 어떤 것을 손에 잘못 넣었다고 하더라도 크게 한탄하는 일도 없을 것이다. 오히려 그는 플라톤의 '인간의 일은 무엇이건 크게 애쓸 만한 것이 못 된다.'라는 〈국가론〉에 나온 말을 인용하고 있다. 다음 시구詩句의 취지를 잘 알고 있을 것이다.

그대 세상을 잃었다 해도
한탄하지 말라, 이는 아무것도 아니리니
그대 세상을 손에 넣었다 해도
기뻐하지 말라, 이는 아무것도 아니리니
괴로움도 기쁨도 언젠가는 사라지게 마련이거늘
세상을 다만 스쳐서 지나가리라
이 또한 아무것도 아니리니

— **안바리도 헤이리**(12세기의 페르시아 시인)

그런데 이 유익한 견해에 도달하는 길을 가로막는 것은 세상의 그릇된 신조이다. 그러므로 이 신조는 청년 시절에 재빨리 폭로해야 할 필요가 있다.

세상은 무대 장치와 같이 단순한 외관은 화려하게 보이지

만 사물의 본체가 빠져 있다. 가령 마스트에 깃발을 올리고 꽃다발로 장식한 선박, 축포의 발사, 일류미네이션, 북과 나팔, 환호와 아우성 등. 이런 것들은 모두가 기쁨의 간판이요, 외식外飾이요, 상형문자이다. 그리고 기쁨은 대체로 거기서는 찾아볼 수 없다. 즉, 기쁨이 축제에 참석하는 것을 가로막고 있다. 기쁨이 참으로 참석할 때는 보통 초대를 받지 않아도 미리 알리지 않고, 자발적으로 으스대지도 않고 그야말로 몰래 침입하는 수도 있다. 또한, 기쁨은 종종 매우 보잘것없는 시시한 기회에 의해 극히 평범한 자리의 결코, 떠들썩하지 않았을 때 나타난다. 또한, 기쁨은 오스트레일리아의 황금처럼 우연히 일체의 절차나 규율을 무시하고 대체로 매우 작은 알맹이에 불과하지만, 드물게는 커다란 덩어리로 곳곳에서 발견되기도 한다.

이와 반대의 경우에는 그 목적이 단지, 여기 기쁨이 와 있다고 남에게 믿게 하는 데 있는 것이다. 즉, 타인의 머릿속에 그렇게 보이게 하려는 것이다.

슬픈 일이나, 기쁜 일에 관한 것도 마찬가지이다. 저 느릿느릿한 긴 장렬葬列이 얼마나 울적하게 다가오고 있는가! 뒤따르는 마차의 행렬은 끝이 없다. 그러나 속을 들여다보라!

이 마차들은 모두가 텅 비어 있다. 그리고 고인은 실상 시중市中의 마부들을 모조리 무덤까지 함께 데리고 가는 것뿐이다. 이것이야말로 세상의 우의와 존경이 무엇인가를 여실히 말해 주는 한 폭의 그림이 아니겠는가! 바로 이것이 처세의 허위와 공허와 그릇된 신조이다.

이와 비슷한 또 다른 경우는, 엄청난 대접을 받는 예복 차림의 초청 하객들로서 그들은 고급 사교의 간판이며, 초대되어 온 손님은 그들이 아니고 대개는 의리와 번뇌와 권태이다. 많은 귀빈이 득실거리는 곳에는 으레 열등생들이 끼게 마련이다.—그들 가슴에 번쩍거리는 훈장을 달고 있어도 말이다. 참으로 훌륭한 모임이란, 어디에서나 훨씬 조촐한 법이다. 그러므로 호화판으로 떠들썩하게 벌이는 축제나 향연은 반드시 어떤 공허를 느끼게 마련이며 내적인 부조화가 노출되기 쉽다. 이것은 우리가 생활에서 바라는 것과는 분명히 다르며, 그 모순이 한결 돋보인다.

그러나 외관상으로 보면, 앞에서 말한 모든 것이 포함된 것이다. 그리고 이것은 바랐던 바이기도 하다. 그러하므로 샹포올의 말이 옳다. '사교계나 서클, 모임, 요컨대 사람들이 사회라 부르는 것은 아무 재미도 없는 시시한 연극, 서투른 오페

라며, 무대 장치나 의상이나 배경 등으로 겨우 지탱하고 있을 뿐이다.'

마찬가지로 아카데미나 철학 강좌는 지혜의 간판이나 외관뿐이며, 지혜는 대개 부재중이므로 딴 데서 찾아야 한다. 교회의 은은한 종소리, 사제司祭의 복장, 경건한 몸가짐, 괴상한 행사 등은 신앙의 간판, 거짓 의식에 지나지 않는다.

그러니 이 세상의 거의 모든 것은 속이 빈 호두와 같은 것으로, 알맹이는 매우 드물며, 그것이 껍질 속에 들어있는 경우는 더구나 드문 일이다. 이것은 아주 다른 장소에서 찾아야 하며, 대개는 우연히 발견되는 것이다.

2 우리를 슬프게 하는 것이 무엇인가를 살펴보라

어떤 사람의 됨됨을 그가 누리고 있는 행복의 정도에 의해 평가하려고 한다면, 그에게 만족감을 주고 있는 것을 살펴볼 것이 아니라 그를 슬프게 하는 것이 무엇인가를 살펴보아야 한다. 그를 슬프게 하는 것이 가치가 없는 것일수록 그 사람은 더욱 행복할 테니까. 그러나 사소한 일에 대하여 민감하게 되려면 무사태평한 생활을 필요로 한다. 대부분의 사람은 불행할 때 사소한 일은 전혀 머리에 떠오르지 않는 법이다.

3 그대는 왜 백년대계로 터무니없이 속을 썩이느냐?

사람은 생활하는데 필요한 여러 가지 요구에 이끌려 자기의 행복을 높은 토대 위에 세우는 것을 경계해야만 한다. 왜냐하면, 그와 같은 토대 위에 행복을 세우면 그 행복은 무너지기 쉬우며, 이런 행복은 훨씬 많은 재앙을 가져올 기회를 얻게 마련이다. 또한, 이런 재앙은 미리 방지할 수도 없다.

우리의 행복을 위한 건물은 다른 모든 건물이 넓은 토대 위에 서면 매우 견고하게 서는 것과는 반대이다. 그러므로 자기가 가진 여러 가지 수단에 비례하여 자기의 요구를 되도록

낮추는 것이 큰 불행을 모면하는 가장 확실한 길이다.

생활 방식이 어떻든 이 생활에 대해 규모가 큰 시설을 하는 것은 대체로 우리가 가장 자주 볼 수 있는 어리석은 일 중의 하나이다. 이런 시설은 오랫동안 살 것이라는 생각에서 갖추는 것이지만, 그런 수명을 누리는 것은 극히 소수의 사람에게만 허용되는 것으로 그들이 설사 그처럼 장수하더라도 거대한 계획에 비하면 너무나 짧은 것이다. 이런 계획들을 다 실천에 옮기려면 으레 예상했던 것보다 훨씬 많은 시간이 필요하기 때문이다. 그리고 그와 같은 시설은 다른 사람들에게서 찾아볼 수 있는 바와 같이 실패와 장해에 몇 번이고 거듭 부딪쳐야 하므로 그 목표를 달성하는 경우는 극히 드문 것이다.

그리고 설사 모든 일이 성취되더라도 세월이 흘러감에 따라 우리 몸에 일어나는 여러 가지 변화는 예상을 뒤엎는 일이 비일비재하다. 따라서 그 계획을 이루거나 향락을 누리기 위해서도 우리의 능력이 일생을 통하여 지속하는 것이 아니라는 점도 반드시 계산에 넣어야 한다.

그리하여 때때로 그 계획이 완성되어도 이미 우리에게 적합하지 않은 것을 손에 넣으려고 노력하거나, 어떤 작품의 준비를 위하여 몇 해를 소비하거나, 작품을 완성할 힘을 어느새

상실하고 마는 경우도 일어나는 것이다.

그러므로 오랫동안의 노고와 모험의 결과로 얻은 재물들을 자기 자신에게는 쓰지 못하고 향락 또한 누리지 못하게 되어 결국 우리는 남을 위해 일한 것이 되며, 또 우리가 오랫동안 동분서주하며 애써 도달한 지위를 유지할 만한 정력이 없어지는 사례도 가끔 있게 된다. 일은 으레 우리에게 더디 이루어지게 마련이다. 혹은 반대로 우리가 일에 더디 쫓아갔다고도 할 수 있다.

이것은 특히 여러 가지 업적, 혹은 작품 제작에 관한 일을 할 때 시대의 취미가 변하고 새 세대가 자라 그런 일에는 아무 관심도 보이지 않으며, 다른 사람들은 더욱 가까운 길을 택하여 우리를 앞질러 가는 경우도 해당한다.

지금까지 말한 모든 것을 염두에 두고 있었던 것 같이 호라티우스는 이렇게 말하였다.

> 어찌하여 백년대계로 하여
>
> 그대는 터무니없이 속을 썩이느냐?
>
> **— 호메로스의 〈송가〉**

이처럼 실책을 되풀이하는 유인은 정신의 눈에 항시 수반하는 착각이다. 이 착각으로 말미암아 인생은 입구에서 보면 끝이 없는 듯이 생각되지만, 종점에서 보면 매우 짧게 보이는 것이다. 물론 이 착각에는 각각 장점도 있다. 만일 이 착각이 없었던들 위대한 일은 전혀 성취되지 않았을 것이다.

우리가 살아가는 동안에, 대체로 사물을 멀리서 바라보았을 때와 가까이서 보았을 때는 모습이 다르게 보이는 법이다. 특히 그런 일은 우리의 소망에서 잘 나타난다. 우리가 탐구한 것과 전혀 다른 무엇을, 때로는 더 좋은 것을 발견하는 때도 있고, 탐구한 것을 맨 처음에 가망이 없어 포기하고 다른 방도를 택하여 목적을 이루는 경우도 가끔 있다.

특히 우리가 향락, 행복, 기쁨 등을 찾은 장소에서 그런 것을 대신한 교훈과 식견 및 지식이나 영속적인 참된 재보財寶가 변화무쌍한 가짜 대신에 주어지기도 한다. 이것이야말로 〈빌헬름 마이스터〉 속에 기초 저음低音으로서 일관하고 있는 사상이다. 이 소설은 하나의 교양 소설이며, 바로 이 때문에 월터 스콧1771~1832 영국 소설가로 '낭만의 왕'이라고도 불린다도 셈에 넣어서, 모든 다른 소설들이 단지 윤리적으로 인간의 천성을 오직 의지의 측면에서만 파악하고 있는데 불과한 것과는 달리 더욱 고

귀한 소설이라고 할 수 있다.

그리고 저 괴상하기는 하지만 의미심장하고 뜻있는 상형문자라고도 할 수 있는 〈마적〉1791년 시카네더가 텍스트를 만들고 모차르트가 작곡한 가극에도, 앞에서 말한 것 같은 근본 사상이 대담한 필치로 상징되어 있다. 그런데 이 가극의 클라이막스는, 왕자 타미노가 밤의 왕녀 타미나에 대한 사랑으로 말미암아 덕이 높은 성자가 되어 '지혜의 성전'에 오르고, 그와 대조적인 인물인 사냥꾼 파파게노가 파파게나를 손에 넣도록 하는 편이 좋았을 것이다.

요컨대 세속을 벗어난 고결한 천성의 소유자들은 일찌감치 운명의 가르침을 이해하고 묵묵히, 아니 기꺼이 이를 지켜나가는 것이다. 그들은 이 세상에서 얻을 수 있는 것은 예지요, 결코 행복이 아니라는 것은 깨닫고 만족을 누리는 것을 유일한 낙으로 삼으며, 예지를 위해서라면 희망도 기꺼이 버리고, 마침내는 페트라르카1304~1374, 이탈리아의 시인 처럼 더 큰 즐거움을 원치 않는 것이다.

배우기를 기뻐하고, 여기 정신이 팔려
다른 것은 관심이 없다.

그들은 한 걸음 나아가 자기들의 욕구를 충족하는 것은 다만 외관적인 유희에 지나지 않으며, 본심으로는 오직 지혜만을 기대하는 것이다. 그리하여 그들은 정관적靜觀的이고 천재적인 숭고한 모습을 갖추게 된다. 옛날의 연금사는 금덩어리를 찾아다니다가 화약과 도자기와 약품, 그리고 자연법칙까지도 발견하였지만, 어떤 이들은 쾌락 대신에 지혜를, 행복 대신에 진리를 얻기도 한다.

Chapter 4

삶의 무기가 되는 인간관계를 그려라

쇼펜하우어
인생 편의점

1 세상을 살아가려면 많은 주의와 관용을 필요로 한다

세상을 살아가려면 많은 조심과 관용을 필요로 한다. 전자는 사고나 상해의 손실에 대한 것이고, 후자는 충돌과 분쟁에 대하여 미리 몸을 보호해 준다.

사람들 속에서 살아가야 하는 이상 아무리 보잘것없는 개성이라 하더라도 이것들은 자연으로부터 주어진 것이다. 그것이 매우 고약하고 하잘것없이 괴상한 것일지라도 절대적으로 배격해서는 안 된다.

우리는 오히려 이런 사람들을 영원한 형이상학적 원리에

따라 있는 그대로의 불변한 것으로 인정해야 하며, 때에 따라서는 이런 사람도 세상에는 있어야 한다고 생각해야 한다. 만일 그렇지 않고 이와는 다른 태도를 보인다면 이것은 타인의 숨통을 끊는 처사로, 비난을 받아 마땅하다. 왜냐하면, 인간은 본래 개성을, 다시 말해서 그 도덕적인 성격, 그 인식능력, 그 기질, 그 용모 등은 아무도 변경할 수 없기 때문이다.

그러므로 우리가 어떤 사람의 됨됨이를 무작정 공격하면 그는 우리 가운데 있는 불구대천의 적을 만들어 힘들게 물리치려고만 할 것이다.

왜냐하면, 우리가 그의 변경할 수 없는 것과는 다른 것이 되라는 조건부로만 그에게 생존의 권리를 허용하려고 하기 때문이다. 따라서 인간 가운데서 살아가도록 하기 위해서는 모든 인간에게 주어진 개성이 어떤 상태에 있든지 그 개성을 가진 채로 모든 사람을 인정해야 하며, 그 개성의 종류와 성질을 있는 그대로 두고 이를 이용하도록 할 수 있어야 한다. 그리고 그 개성의 변화를 바라거나 있는 그대로의 개성을 무작정 나쁘다고 경멸해서는 안 된다.

많은 사람을 상대할 때에는, '나는 그의 개성을 변경시키

려고 하지 않고 이용하려고 생각한다.'고 생각하는 것이 가장 현명한 방법이다.

이것이 '살기도 하고 살리기도 한다.'는 속담의 참된 의미이다.

그러나 이 과제는 그것이 정당할수록 결코 쉬운 일이 아니다. 그래서 여러 가지 개성을 가진 사람들과 상종하지 않고 지내는 사람은 행복하다고 할 수 있다. 어쨌든 우리가 사람에게 시달리면서도 참는 법을 배우기 위해서는 무생물을 상대로 자기의 인내력을 기르는 것이 좋다. 무생물은 기계적으로, 혹은 그 밖의 물리적인 필연성에 따라 우리의 행위에 대하여 완강하게 저항하며, 이것을 상대로 수련을 쌓는 기회는 얼마든지 있기 때문이다.

이리하여 얻게 된 인내는 점점 인간에게 등용하는 법을 배워 나가야 하는데, 이를 위해서는 우리에게 훼방을 놓으려는 자들도 저 무생물이 작용하는 필연성과 같은 그들의 천성과 엄숙한 필연성에 의해 그렇게 하지 않을 수 없다. 따라서 그들의 태도에 대하여 화를 내는 것은 마치 우리가 걸어가는 길에 널려 있는 돌멩이에 불평하는 것과 같으며, 이렇게 하는 것 매

우 어리석은 짓이라고 생각하는 습관을 기를 필요가 있다.

인간과 인간 사이에서 정신과 감정의 동질성과 이질성이 이야기를 나누면 곧 쉽사리 알게 된다는 것은 실로 놀라운 일이다. 그리고 이 동질성과 이질성은 아무리 작은 것이라도 그 차이를 알 수 있다.

이야기가 설사 아무렇지 않은 내용이라도 크게 이질적인 사람들 사이에서는 한 사람이 한 말이 하나에서 열까지 다른 사람의 비위를 거스르게 한다. 그리고 말이 많으면 드디어 분통을 터뜨리게 되는 것이다.

그런데 동질적인 사람들이라면 모든 것이 곧 어느 정도의 공명共鳴을 일으켜, 이 공명이 동질성이 크면 곧 완전한 화음이 되고 나아가서는 합조음이 되어 합류한다. 이것으로 보아 우선 평범한 사람들이 어찌하여 그토록 사교적이며, 곳곳에서 그처럼 손쉽게 좋은 친구를 사귀게 되는지 이해가 간다.

그러나 비범한 사람들은 이것이 반대로 나타나며 그가 탁월할수록 그것이 더욱 뚜렷이 드러난다. 다른 사람들 속에 그 사람 자신과 동질적인 끄나풀이라도 발견되면 그것이 아무

리 사소한 것이라도 그들의 고립된 생애에서는 때때로 기쁨까지 제공해 줄 정도이다.

역시 모든 사람은 타인이 그에 대하여 갖는 것과 같은 가치밖에는 타인에 대하여 갖지 못하는 법이다. 참으로 위대한 사상가는 솔개와 같은 높이에 혼자서 둥지를 치는 것이다. 따라서 동지들이 자력磁力으로 서로 끄는 것처럼 신속히 서로 자주 만나는지 이해할 수 있을 것이다. 비슷한 영혼은 멀리서는 서로 인사를 한다.

물론 우리는 저급한 심정의 소유자나 천부天賦가 비약한 사람들에 대해 이런 일을 관찰할 기회가 자주 있다. 그러나 그것은 다만 이런 사람들이 수없이 많기 때문이며, 반대로 훨씬 뛰어난 천성을 지닌 사람들은 보기 드문 인물이기도 하고, 또 매우 찾아보기 어렵다.

그러므로 어떤 목적을 달성하려는 커다란 단체 내부에 두 사람의 악당이 있다면 그들은 군대 휘장을 달고 있는 자들처럼 곧 친하고 서로 이용하거나 배신을 위해 결합할 것이다. 이와 마찬가지로 여기 가담한 두 사람의 바보를 제외하고는 분명히 지각도 있고 사려도 깊은 사람들로 형성된 커다란 사회(있을 수 없는 일이지만)에서 이 두 사람만은 서로 뜻이 맞는 것

을 느끼게 될 것이며, 이윽고 이들은 서로 이해할 수 있는 상대를 만난 것을 진심으로 기뻐할 것이다.

특히 도덕적으로나 지적으로 뒤떨어지는 두 사람이 한눈에 정들어 가까이하고, 마치 구면이나 되는 것처럼 히히거리며, 수작하는 것을 보면 놀라지 않을 수 없다. 그것은 실로 불교도의 윤회설처럼 이미 출생하기 전부터 맺은 인연이 있었다고 생각될 정도이다.

그런데 아무리 뜻이 맞아도 그들을 서로 떼어놓고, 그들 사이에 한때나마 부조화를 일으키는 것은 기분의 차이이다. 이 기분은 모든 사람의 지위, 직업, 환경, 신체의 상태, 순간적인 사유과정 등에 따라 거의 언제나 다른 것이다.

그러므로 매우 조화된 사람들 사이에서도 불협화음이 일어나는 수가 있다. 이런 장애물 제거하기 위해 끊임없이 필요한 수정을 가하여 언제나 한결같은 온정을 유지하는 것은 높은 교양이 있어야만 비로소 가능한 일이다.

사교적인 모임에 기분 통일이 얼마나 많은 성과를 올리는가는 인원이 많은 집회에서도 어떤 객관적인 것—그것이 어떤 위험한 일이건, 또는 어떤 희망이건, 혹은 어떤 보고 사항이나 보기 드문 구경거리, 연극, 음악, 그 밖의 무엇이든지—

이 모든 사람에게 동시에 그리고 한결같이 작용하기만 하면 곧 그 모임은 즐거워지며 서로가 금세 친밀감을 느끼게 되는 것으로도 짐작할 수 있다.

다시 말해서 이 객관적인 것이 모든 사사로운 흥미를 정복하여 기분의 통일을 자아내기 때문이다. 이와 같은 객관적인 효과가 작으면 적을수록 주관적인 효과가 중요시된다. 보통 술병이 협동적인 기분을 조정하는 수단으로 사용되는 것도 그 때문이다. 우리가 자주 마시는 차나 커피도 이런 효과가 있다.

그러나 순간적인 기분의 차이가 이처럼 모든 협동체에 때때로 생기는 저 부조화에서 부분적이나마 설명될 수 있는 것은 모든 사람이 이 기분과 이와 비슷한 영향—일시적이나마 뒤흔들어 놓는—에서 해방된 기억 속에 자기 자신을 이상화하거나 나아가서는 때때로 참으로 성화聖火하여 묘사한다는 것이다.

기억은 사진의 암상자暗箱子 속의 집광集光 렌즈와 같은 작용을 하며, 모든 것을 수축하여 그 본체를 훨씬 아름답게 나타낸다. 이렇게 이상적으로 보이는 것은 부재에서 온다는 것을 알 수 있다.

회상을 이상화하려면 오랜 시일이 필요하지만, 그것이 어느 정도 이루어지면 상대방이 잠깐 눈에 보이지 않아도 가능한 것이다. 그러므로 친지나 친구는 되도록 오래간만에 만나는 것이 현명하다고 하겠다. 그렇게 하면 다시 만났을 때 이 '회상의 이상화'를 즐길 수 있다.

2 아무도 나 자신의 이상 세계를 인정하지 못한다

자기 자신 외에는 아무도 자신의 이상 세계를 인정하지 못한다. 그래서 모든 사람은 자기 기준에서 남을 평가하며, 그는 다만 자기의 지능 정도에 따라 남을 이해할 따름이기 때문이다.

그래서 지능이 가장 저급하다면 아무리 정신적으로 뛰어난 사람이라도 그에게 아무 영향도 주지 못하며, 이와 같은 타고난 소유자에 대하여 단지 그 개성중에 제일 저급한 것인 그의 모든 약점과 기질 및 성격적인 결함밖에는 인정하지 않

으며 그 이상의 것은 전혀 알지 못할 것이다. 그러므로 이 천부를 지닌 사람도 그에게 비교하면 보잘것없는 존재가 되어 버리는 것이다.

사람에게 있어서 한결 높은 정신 능력은 그로서는 마치 색채가 소경을 대하듯이 거의 존재가치가 없게 될 것이다. 요컨대 모든 사상은 사상을 갖고 있지 않은 사람에게는 없는 거나 마찬가지다. 모든 평가는 평가자의 인식 범위에 의한 상대방의 가치에서 비롯된다.

누구나 어떤 사람과 이야기할 때 그 사람과 같은 수준으로 내려가게 되는데, 그때 그가 상대방보다 나은 면은 모두 숨겨질뿐더러, 그 때문에 필요한 자기 부정도 상대방은 분명하게는 알지 못한다.

그러므로 누구나 상대방이 얼마나 저열한 생각을 하고 있으며 빈약한 천부를 갖고 있는가, 즉 얼마나 대부분의 사람이 철저히 수준이나 격이 낮은가를 생각한다면 자기를 격하시키지 않고는 그들과 이야기할 수 없다는 것을 알게 될 것이다.

그리하여 '자기의 수준을 낮게 생각한다.'는 표현이 지닌 본래의 의미를 깊이 이해할 것이다. 그리고 자기 천품의 치

부를 매개로 해서만 연결이 될 수 있는 모든 사교를 피할 것이다. 또한, 어리석은 자나 바보에 대하여 자기 오성惡性을 분명히 보여 주려면 오직 하나의 길밖에 없다는 것을 짐작하게 될 것이다. 이 길은 그들과 이야기를 나누지 않는다는 것이다. 그러나 이렇게 되면 많은 사람은 사교를 위해 때때로 무도회에 나왔다가 거기서 절름발이를 만나게 된 무용가와 같은 심정이 될 것이다.

그러면 그는 대체 누구와 춤을 추어야 할까?

어떤 무엇을 기다리지 말아야 할 때, 다시 말해서 용무가 없어서 그냥 앉아 있을 때 지팡이나 나이프, 스푼, 그 밖에 가까이 있는 무엇인가를 가지고 박자에 맞춰 소리를 내거나 만지작거리지 않는 사람이야말로 백 사람 중의 한 사람 있을까 말까 한다. 이런 사람은 우리가 존경할 만한 사람이다.

아마도 그는 그냥 있지 않고 무엇인가 생각하고 있을 것이다. 그런데 많은 사람은 눈으로 보는 것이 머리로 생각하는 대신 무슨 달가닥거리는 소리를 내어 자기의 존재를 의식하려고 한다. 담배를 피우는 것은 이 때문이다.

그들은 역시 자기 주위에서 끊임없이 일어나는 모든 일에 대하여 오직 눈과 귀만 가지고 있을 뿐이다.

3 같은 사람을 존경하는 동시에 뜨겁게 사랑하기는 어렵다

로쉬푸코가 '같은 사람을 존경하는 동시에 뜨겁게 사랑하기는 어렵다.'고 말한 것은 옳은 말이다. 우리는 사람들로부터 사랑과 존경의 두 가진 중에서 어느 하나를 택해야 한다.

사람에게 그 방법은 여러 가지가 있지만, 그것은 언제나 이기적인 것이다. 뿐만 아니라 남의 사랑을 받는 까닭이 반드시 우리가 자랑스럽게 생각하고 있는 것이라고 할 수는 없다. 주로 인간은 타인의 정신과 심정에 대한 그의 요구를 낮은 수준에 둘수록 다른 사람으로부터 사랑을 받을 것이다. 이런 저

자세는 진지해야 하며, 경멸에서 비롯된 너그러움이어서는 안 된다.

이 경우에 엘베시우스의 매우 적절한 말을 했다. '우리를 기쁘게 하는데 소질의 정도는 우리가 가진 소질의 정도를 헤아리는 정확한 척도가 된다.'를 우리가 상기한다면 이러한 전제에서 결론을 내릴 수 있다.

그런데 같은 사람이라도 존경에 관해서는 사정이 달라진다. 존경은 타인의 의지에 거슬러 강요되는 것으로 존경은 대체로 은폐된 경우가 많다. 그래서 타인으로부터 존경을 받는 것은 우리에게 다른 무엇보다도 큰 만족을 준다.

또 우리의 가치와 관련되기도 하지만, 이것은 인간의 사랑에는 그대로 해당하지 않는다. 왜냐하면, 사랑이 주관적이고 존경은 객관적이기 때문이다. 그러나 우리로서는 사랑이 존경보다 더 유용한 것이다.

인간은 매우 주관적이며, 흥미 있는 것은 오직 자신뿐이고 그 밖에는 아무 흥미도 느끼지 않을 정도이다. 그러므로 인간은 무슨 말을 하건 우선적으로 자기 자신부터 생각하고 있다

는 것이다.

하지만 그들에게 어떤 관계만 있으면 그것이 무슨 일이든지—우연한 것이건, 또는 인연이건 간에—관심을 끌게 되며, 이야기 가운데 숨겨져 있는 어떤 대상에 대해서는 전혀 이해하지 못한다. 또 그들의 흥미나 허영심이 거역하기만 하면 아무리 근거 있는 이야기라도 그들에게는 아무 가치도 없게 되는 것이다.

그러므로 그들은 기분이 산만하기 쉽고 감정이 크게 상하여 모욕을 느끼거나 화를 내기 쉽다. 그들과 무슨 이야기를 객관적으로 나누면서도 상대방의 소중한 것이나 민감한 자아에 관한 것이 불리하다고 생각되면 조심하는 것이다. 그들에게 소중한 것은 역시 오직 자아에 관한 것뿐이며 그 밖의 것은 별로 관심이 없기 때문이다.

그들은 남의 진실하고 정당한 이야기나 아름답고 재치 있는 이야기에 대해서는 아무 감각도 감정도 갖고 있지 않다. 다만 그들의 하찮은 허영심이 상할 경우에는 매우 간접적인 이야기라도 그들에게 가장 소중한 자아에 불리한 것이라면 예민한 감수성을 발휘하는 법이다.

사람들은 무의식중에 그 화주머니를 슬쩍 건드리기만 해

도 곧 비명을 지르는 강아지와 견줄 만하다. 혹은 옆에 있는 사람들이 조심스럽게 대해야 하는 상처받기 쉬운 병자와 같다.

심한 사람은 그들과 주고받은 이야기 가운데 분명히 나타나 있는, 그러니까 충분히 감춰져 있지 않은 정신과 오성을—설사 그 당시에는 숨겨져 있더라도—그대로 일종의 모욕으로 느끼고, 나중에 그 모욕에 대한 복수를 당하게 되면 미경험자는 어찌하여 자기가 그들의 원한과 증오를 갖게 되었을까 하고 아무리 생각해 보아도 알 수 없는 경우도 생기게 된다.

따라서 미경험자들은 아첨을 받거나 농락을 당하기가 쉬어진다. 그러므로 그들은 판단은 대개는 매수된 것으로, 그들의 당파나 계급을 위한 하나의 수작에 불가하며, 결코 객관적인 공정한 비판은 아니기 마련이다. 이것은 그들의 의지가 인식을 훨씬 능가하며, 그들의 빈약한 지성은 완전히 의지의 노예가 되어 한순간도 의지에서 해방되어 있지 않기 때문이다.

인간은 그 주관성에 따라서 모든 일을 자기와 연관시켜 모든 사상으로부터 곧장 자기 자신으로 돌아오는 것이다. 이 가련한 주관성에 대하여 입증이 되는 것은 점성술이다.

이것은 엄청난 천체天體까지도 지상의 싸움이나 무뢰한의 출입과 관련시키며, 하늘의 혜성까지도 지상의 싸움이나 무뢰한의 출입과 관련시킨다. 이러한 현상은 먼 옛날을 포함해 어느 시대나 있었던 일이다.

문학에 씌어 있는 사회의 부조리에 대하여 사람들은 절망하거나 이것으로 일은 끝났다고 생각해서는 안 된다.

오히려 일은 나중에 가서 점점 재검토되고, 숙고와 논의를 거친 후에 비로소 올바른 판단이 내려진다. 그 결과 명석한 두뇌의 소유자라면 곧 간파할 수 있는 일을 대부분의 사람은 겨우 이해하게 된다고 깨닫고 자위해야 한다.

물론 그 동안은 참아야 한다. 즉, 기만당한 사람들 속에 있는 한 사람의 올바른 견식見識을 갖춘 인물은, 탑시계가 모두 잘못되어 있을 경우에 정확한 시계를 갖고 있는 사람과 같다. 그만이 정확한 시간을 알고 있지만 그렇다고 그것이 그에게 무슨 소용이 있겠는가? 세상의 모든 사람들은 그릇된 시간을 나타내고 있는 광장의 시계를 표준으로 삼는다. 자기 시계만은 정확한 시간을 가리키고 있다는 것을 알고 있는 사람까지

도 대중의 한 사람으로 광장의 시계를 바라보기 때문이다.

인간은 누구나 자기에게 너그럽게 대하면 어린아이와 비슷해진다. 그러므로 누구에게든지 지나치게 관대하거나 무조건 다정해서는 안 된다. 인간은 대개 돈을 꾸어달라는 것을 거절하여 친구를 잃는 일은 없지만, 오히려 돈을 꾸어준 것이 화근이 되어 친구를 잃는 경우가 종종 있다.

존대하고 냉정한 태도를 보여 친구를 잃는 일은 드물지만, 오히려 친절하고 너무 다정한 까닭에 친구를 잃는 경우가 종종 있다. 더구나 자기는 상대방에게 필요한 존재라는 것을 보여 주면 오히려 교만하게 되어 나를 괄시하지 못하리라는 생각을 하여 아무렇게 대하면서 파탄을 일으키는 것이다.

그러므로 우리는 친밀한 교제를 지속하기란 흔치 않다는 것을 알아야 한다. 흉금을 털어놓고 교제할 만한 사람은 대체로 흔치 않기 때문에, 저열한 사람들과 허물없이 사귀다가 자기 자신의 위신이 추락되는 일이 생기지 않도록 조심해야만 한다. 한 걸음 나아가서는 사람들에게 가끔은 나에게는 너 같은 사람은 없어도 무방하다는 인식을 심어줄 필요도 있다. 그

렇게 되면 오히려 우정이 두텁게 된다.

일반 사람들과 교제할 때에는 오히려 친하지 않는 척 하는 태도를 취하는 것이 좋을 것이다. 그렇게 될 경우 그들은 그 우정을 한층 더 값지게 생각할 것이고 존경하지 않는 사람은 존경을 받게 된다는 교묘한 이탈리아의 속담이 입증되는 것이다.

그러므로 어떤 사람이 자기에게 소중하더라도 그것은 마치 죄를 숨기듯이 숨겨 두어야 한다. 그렇게 하는 것이 즐거운 일은 될 수 없지만 현명한 일은 될 것이다.

고결한 성격이나 천재적인 기질을 가진 사람들은 거짓말을 하지 않는 순수함 때문에 젊은 시절에는 인간을 식별하는 눈과 처세술이 매우 서툴러 곧잘 남에게 속아 넘어가고, 그렇지 않으면 농락을 당하게 되는 경우가 종종 있다.

그러나 같은 사람을 존경하는 동시에 뜨겁게 사랑하기는 어렵다. 그것은 그들이 자기들의 기준에서 판단하기 때문에 그렇지만, 고상한 사람들은 그 이상의 것을 기준으로 하여 판단을 내리기 때문이다. 왜냐하면 천재적인 사람은 평범한 사

람도 자기를 기준으로 하여 판단을 하기 때문이다. 따라서 천재적인 사람은 평범한 사람의 생각이나 행위를 대체로 자기를 기준으로 하기 때문에 계산 착오가 생기게 되는 것이다.

더구나 이러한 사람들은 타인의 교훈과 자기의 경험에서 인간과 세상의 진상을 귀납적歸納的으로 알게 된다. 즉 인간의 6분의 5는 선천적으로 보잘것없는 존재이며, 태어나면서부터 도덕적으로나 혹은 지성적 범주에서 벗어나게 되어 있다.

따라서 될 수 있는 대로 그들과 교제하지 않는 것이 훨씬 유리하다는 것을 깨우쳐 주더라도 그들이 빈약하고 가련한 존재임을 분명하고 확실하게 인식하고 있지 못할 것이다. 그리고 그들이 생존하는 한 끊임없이 이러한 신념을 확대하고 보다 견고하게 갖추어 나가지 않으면 안 된다. 그러는 동안에는 반드시 가끔씩 오산誤算을 하게 되며 손해를 보게 될 것이다.

그리하여 그가 받은 교훈을 진실하게 받아들인 후에도 알지 못하는 사람들의 사회에 들어가 보면, 그들이 이야기하는 것이나 풍채로 보아서는 제법 의젓하게 분별력이 있어 보인다. 또한, 솔직하고 정직하고 존경할만하며 유덕有德하게 보

이고 가장 현명하고 영리하게까지 보이지만, 종종 놀라운 사실에 부딪히게 될 것이다. 그러니 이러한 일에 미혹되어서는 안 된다.

이러한 사실은 자연의 원리가 통속적인 소설이나 희곡의 인물과는 다르기 때문이다. 통속적인 소설가들은 악한이나 바보들을 묘사하는 데는 서툴고 슬기롭지 못하게 작품을 다루어 나가기 때문이다. 그리고 그들의 배후에는 언제나 작자가 도사리고 앉아서 그들의 취향이나 언동을 책망하고, '이것은 악한입니다. 이것은 바보입니다. 그의 말을 듣지 마십시오.' 하고 타이르는 작자들을 발견하게 된다.

그러나 자연은 셰익스피어나 괴테와 같이 훌륭한 작품 속에서 모든 인물이, 설사 그가 악마로 나타나더라도 작품 속에서는 언제나 진실성을 지니고 있다.

이것은 어디까지나 작품 속의 인물이 객관적으로 취급되어 있기 때문이다. 그리하여 우리는 그 인물에 흥미를 갖게 되어 그 인물이 악한이거나 바보이거나 마음속으로 동정을 하게 되는 것이다. 마치 이러한 인물은 자연이 만든 악한이나 바보처럼 인간이라는 커다란 개념 속에서 창조되고 개성이 뚜렷하게 묘사되어 그 언행까지도 매우 자연스럽게 나타나

는 것이다.

그러므로 악마는 뿔이 나게 하고 바보는 방울을 달고서 세상을 유유히 활보한다고 생각하는 사람은 언제나 그들의 먹이가 되기도 하고, 그들의 노리개가 되기도 할 것이다. 게다가 사람들은 사교적인 면에 있어서 달이나 꼽추처럼 언제나 그 반면半面만을 남에게 보여 주는 것이다.

모든 사람은 마치 희극배우와 같은 표정을 하여 자기의 인상을 전혀 다르게 만드는 소질을 선천적으로 지닌 것이 된다. 이러한 가면은 자세히 밝히고 있지만, 그것이 본래 그의 개성을 참작하고 있으므로 그에게는 매우 적합하며 그 기만술은 매우 교묘한 것이다.

그러므로 기회만 있으면 그들은 언제나 이 가면을 쓰고 상대방을 기만하려고 한다. '어떠한 개도 꼬리를 치지 않을 정도로 고약하지는 않다.'는 이탈리아의 속담을 상기하여 이 가면이나 가장행렬에서 보는 것과 같이 그 이상의 것으로 간주해서는 안 된다.

어떤 상황에서도 인간은 초면인 사람에게는 너무 호의를 보이지 않도록 주의하지 않으면 안 된다. 그렇게 하지 않으면 인간의 대부분은 기대에 어긋나게 마련이고, 그들에게서 수

치를 당하거나 아니면 손해를 보게 될 것이다. 이 경우에 더욱 조심해야 할 것은, 인간이란 사소한 일에 대해서는 조심을 하지 않기 때문에 그 성격을 적나라하게 드러내게 마련이다. 이런 경우에 인간은 사소한 행동이나 거동을 통해 다른 사람의 생각은 전혀 하지 않는 철저한 이기주의를 분명히 드러내게 되는 것이다.

또한, 이러한 이기주의는 나중에 큰일을 할 때도 나타나게 마련이며, 가령 가면을 쓸 수가 있더라도 그 본성을 숨길 수는 없다. 그러므로 사람들은 이러한 기회를 놓쳐서는 안 된다.

어떤 사람이 인간의 사소한 일상생활에 대한 그들의 거동을 주목하여 '법률은 사소한 일을 문책하지 않는다.'는 말을 적용할 수 있는 사소한 일에 대하여 파렴치한 행동을 했다면 그것이 다른 사람에게 손해를 입힌다는 것을 염두에 두지 않고 오직 자기의 이익이나 편의만을 취한 것이다. 그리고 그가 모든 사람을 위해 있는 공적公的인 것을 혼자서 독차지한다면 그의 마음속에는 정의감이 없다고 할 수 있다.

법률이나 권력이 그의 손을 결박하지 않는다면 그는 큰일을 수행할 때에도 불의와 부정을 얼마든지 저지를 것이다. 따

라서 그 경우 전혀 문전에 얼씬도 하지 못하게 해야 한다. 주저할 필요도 없이 의리를 저버리는 사람은 나라의 법률도 어길 것이며, 자기 신상에 위험이 닥치지 않는다면 어떠한 잘못도 저지를 것이다.

인간 대부분은 선이 악보다도 월등하다면 공포심을 목표로 삼기보다도 정의, 공정, 감사, 성실, 사랑 또는 동정을 대상으로 하는 것이 훨씬 더 현명하겠지만, 사실은 이와 반대이므로 상반된 태도를 보이는 것이 훨씬 더 실속이 있는 것이다.

우리의 동료나 사귀고 있는 사람이 우리에게 불쾌하게 굴거나 귀찮게 군다면 우리는 자기 자신에게 물어보아야 한다. 이와 비슷한 일을 다시 몇 번이고 기꺼이 받아들이지 않으면 안 될 정도로 상대방은 우리에게 쓸모가 있는 존재인가 아닌가를 확인해야 한다.

그리고 만일 전혀 쓸모가 없을 때는 여러 말이 필요치 않겠지만, 경고해 주거나 아니면 한번 야단을 쳐주는 것을 우리는 명심해 두어야 한다. 그와 반대로 부정적일 경우에는 여러 말을 필요로 하지 않겠지만, 그것이 계속되는 경우에는 절교

하거나, 또는 상대방이 노복일 경우에는 그를 해고하는 것이 좋다.

그렇지 않으면 기회가 있을 때마다 그러한 일이 번번이 되풀이되게 마련이다. 가령 상대방이 다시는 그런 짓을 하지 않겠다고 엄숙하게 맹세를 하면 사람은 모든 일을 잊어버리는 수가 많지만, 그 사람의 본성은 어디로 가지 않기 때문에 그의 성격은 고쳐지지 않는다. 따라서 같은 짓을 하지 않을 수 없어서 그는 결코 자기의 본성은 고치지 못하는 것이다.

누구나 나의 〈의지의 자유에 대하여〉라는 현상 논문을 읽고 이러한 망상에서 벗어나는 것이 요망된다. 따라서 절교한 사람과 다시 교제한다는 것은 기회를 보아 가면을 쓰고, 상대방에게 은근히 없어서는 안 될 존재처럼 요긴하게 보여 줌으로써 처음 절교하게 된 계기처럼 다시 과거의 버릇을 되풀이하기 때문에 좋지 못한 것이다.

해고한 노복을 다시 불러들이는 것도 마찬가지이다. 그러나 일단 이해관계가 달라지면 누구나 그 근본적인 성격과는 달리 생각과 언행이 변하기 때문에 환경이 달라지면 종전과 같은 행동을 하리라고 보지 않아도 된다. 그들은 이해관계의 변동에 따라 태도를 달리하게 마련이라, 단기간의 연수표를

남발하게 되므로 우리도 그것을 명심하고 그들을 대해야 한다.

따라서 우리가 어떤 사람을 유임시키려고 생각하여 그의 행동을 알고 싶어도 장본인의 말이나 서약을 믿을 수가 없다. 그러므로 우리는 그가 유임하지 않을 수 없는 경우에는 그 과정을 참작하여 그의 성격이 환경에 적응할 수 있도록 유의한 후에 계획을 세워야 한다.

일반적으로 인간은 매우 가련한 존재라는 확고한 견해를 갖는 것이 바람직하다. 그것을 알기 위해서는, 문학작품에 묘사된 인간의 행동을 실생활에 나타나는 것을 주석註釋으로 해석하거나 반대로 생각하면 배우는 바가 많을 것이다. 이것은 자기 자신에 대해서 뿐만 아니라 타인에 대해서도 오류를 범하지 않기 위해 매우 유용하다.

그러나 이 경우, 인생에 있어서나 문학상으로도 우리가 경험하게 되는 어리석은 특징으로 인해 번번이 혐오를 느끼거나 분노를 일으키는 근본으로 삼아서는 안 된다. 우리는 오히려 이와 같은 형상에서, 인류의 성격을 연구하는 데에 하나의 새로운 공헌을 할 수 있다는 것을 인정하고 이를 명심하고 또한 인식을 깊이 해야 할 것이다.

그렇게 되면 우리는 광물학자가 특색 있는 광물 표본에 대한 거의 비슷한 태도로 이 특징을 관찰하게 될 것이다. 예외는 있다. 그리고 파악할 수 없을 만큼 큰 예외도 있으며, 개성의 차이에 이르러서는 매우 크다고 할 수밖에 없다. 그러나 전체적으로 보면 옛날부터 말해 오고 있는 것처럼 고약하기 짝이 없는 무자비한 세상에서는 야만인들은 서로 물어뜯고 문명인들은 기만을 일삼고 있다. 이것을 가리켜 우리는 인생이라고 말하는 것이다.

국가는 세계로 뻗은 모든 인위적인 기구機構와 그 권력 수단으로 인간의 끊임없는 불의를 억제하는 울타리를 만들기 위해 예방조치를 하고 있다. 우리는 역사에서 모든 제왕이 자기의 지위가 확립되고 나라가 어느 정도 번영하기만 하면 군대를 이끌고 도둑 떼처럼 이웃 나라를 침략하기 위해 국력을 이용한 것을 수도 없이 볼 수 있지 않은가. 그리고 거의 모든 전쟁은 본질적으로 약탈 행위에 지나지 않는다.

고대와 중세기를 지나 2세기 전까지도 패전국의 국민은 승리자의 노예까지 되게 마련이었다. 다시 말해서 결국 패자는 승리자를 위해 일해야만 했고 군대에 세금을 바치는 사람들도 같은 처지에 있었다. 즉, 그들은 노동을 통해 얻은

이익을 바쳤으니까. 볼테르는 '어떠한 전쟁도 다 도둑질이다.'라고 말했는데, 특히 독일인들은 언제나 이 말을 명심해야 한다.

4 그 누구도 오랫동안 가면을 쓰고 있을 수는 없다

아무리 선량한 성격이라도 그것을 방임해 두거나 멋대로 하게 놓아두어서는 안 된다. 모든 성격은 원칙에 따라 관리할 필요가 있다. 그러나 이 점을 너무 중요시하여 우리가 타고난 본성에서가 아니라 오직 이성적인 사고에서 비롯되는 완전히 후천적인 성격을 만들려고 하면 금세 이렇게 반격해 올 것이다

천성을 억지로 바꾸려고 시도해 보라.

그러나 천성은 언제나 곧바로 제자리로 되돌아올 것이다.

라는 말로 사실임을 입증해 줄 것이다. 그렇게 되면 사람들은 타인에 대한 태도에 관한 하나의 규범을 쉽사리 찾아낼 수 있으며, 또 어떤 이상적인 규범을 찾아내어 이것을 적절히 발표할 수도 있지만, 일단 실천에 옮기게 되면 이상하게 이와는 반대되는 일을 곧잘 저지르게 된다.

그러나 우리는 이로 말미암아 싫어하거나, 실제 생활에서는 자기의 행동을 추상적인 규범이나 법도에 의해 인도할 수는 없다고 생각하거나 멋대로 행동하는 것이 가장 좋다고 생각해서는 안 된다. 오히려 그것을 실제 생활에 대한 모든 이론적인 규정이나 지시로 생각하고, 무엇보다도 규범 자체를 이해하고, 그다음에는 이것을 생활에 적응시키도록 힘쓸 일이다.

첫째는 이성의 힘으로 한꺼번에 할 수 있지만, 그다음은 훈련을 통해 점차 길들이는 수밖에 없다. 가령, 선생이 학생에게 악기에 대해서는 운지법을 가르치고, 검도에서는 장검으로 사용법을 가르치는데 실제로 학생은 매우 슬기롭게 하려고 노력하지만, 처음부터 배운 대로 되지 않는다.

운지법은 악보를 빨리 읽어야 해서 도무지 자신이 서지 않

고, 검술의 기본형은 승부가 격렬하여 도저히 지켜낼 것 같지 않다고 생각하게 된다. 그러나 학생들은 훈련을 거듭하면서 쓰러지고 일어나고 하는 동안에 차츰 익숙해지는 것이다.

라틴어로 글을 쓰거나 이야기하기 위해 문법의 규칙을 배울 경우에도 이와 마찬가지다. 교양이 없는 자가 정신廷臣이 되거나, 신경질이 심한 자가 사교가가 되거나 대범한 자가 소심하게 되는가 하면 고귀한 자가 익살꾼이 되는 것도 같은 이치에서 생겨나는 것이다.

그런데 이와 같은 오랜 습관에 의해 얻은 자기교정은 언제나 외부로부터 강요되기 마련이다. 그리고 이 강제에 대항하는 것을 자연은 결코 중지하고 있지 않으며, 가끔 뜻하지 않은 시기에 이 강제를 물리치는 경우도 있다. 그 이유는 추상적인 법칙에 의한 모든 행위와 천성에서 비롯되는 행위의 관계는 마치 형태나 움직임이 인연이 먼 재료에 의해 제약을 받는 시계와 같은 기술적인 제작품과 형태나 재료가 서로 융합되어 하나가 되어있는 산 유기체의 관계와 같기 때문이다.

그러므로 후천적으로 얻은 성격을 선천적인 성격에 비추어 나폴레옹이 말한 '부자연한 것은 불완전하다.'고 한 말이 정당함을 알 수 있다. 이 말은 육체적 및 정신적인 모든 일에

타당한 하나의 규범으로, 이 규범에서 벗어나는 것은 오직 하나뿐이다. 그것은 광물학자들에게 알려진 천연적인 수정이 인공의 모조품만 못하다는 것이다.

그러므로 우리는 무엇보다도 허례허식을 경계해야 한다. 이 허식은 언제나 경멸을 불러일으키는 것이다.

첫째는 거짓이다. 거짓은 두려움에서 비롯되는 것이므로 그 자체가 비겁한 것이다.

둘째는 자기 자신에 대한 탄핵선고다. 그것은 인간의 과시욕으로 자기가 아닌 것을 이용하여 자기를 더 과장해 돋보이려는 것이다.

어떤 하나의 특징을 내세워 그것을 자랑삼는 것은, 그가 그 특징을 가지고 있지 않다는 것을 스스로 고백하는 것이나 다름없다. 그것이 용기이건 학식이건, 혹은 정신, 기지, 여자에 대한 인기, 재산, 고귀한 신분, 또는 그 밖의 무엇이건 간에 그것 하나로 존귀하게 된다면, 이런 점에서 그에게 그것이 빠져 있으리라고 추측할 수 있다.

어떤 특징이나 능력을 완전히 소유하고 있는 사람은 그것을 내세우거나, 나아가서는 자랑하고 싶은 생각은 없거나 자랑할 필요가 없으므로 그 특징에 대하여 담담한 심정으로 있

을 수 있다. '쩔렁쩔렁 소리를 내는 말굽 쇠는 못이 하나 빠져 있다.'는 스페인의 속담이 이를 가리키는 것이다.

처음에도 말한 바와 같이 무조건 자기 자신을 알몸으로 드러내 놓아서는 안 된다. 왜냐하면, 우리의 천성에도 흉악하고 잔인한 것은 숨겨 두어야 하기 때문이다. 그러나 이것은 단지 소극적으로 자기의 결함을 은폐하는 것을 시인할 뿐이며, 적극적으로 가장假裝하는 것을 시인하는 것은 아니다.

그리고 어떤 사람이 가장하는 것이 무엇인지는 몰라도, 가장하고 있다는 것은 곧 상대방이 알아차리게 마련이라는 것을 알아야 한다. 마지막으로 가장은 결코, 오래 가지 못한다는 사실을 명심해야 한다. 그것은 언젠가는 탄로가 나고 만다는 것을 분명히 말해 두고자 한다.

아무도 오랫동안 가면을 쓰고 있을 수는 없다.
위장은 곧 자기의 본성으로 돌아가는 법이다.

— 세네카 〈관인에 대하여〉

사람은 자기의 몸무게를 의식하지 못하고 지탱하고 있지

만, 다른 물체를 움직이려고 하면 그 무게를 느끼는 것처럼 자기의 결점이나 부덕은 의식하지 못하고 남의 그것은 곧 눈에 띄게 마련이다.

그 대신 모든 사람은 타인 속에 하나의 거울을 갖고 있어 그 거울 속에 그의 온갖 부덕과 결함, 무례 및 고약한 성질 등을 분명히 찾아볼 수 있다. 그런데 사람은 누구나 이 경우에 거울을 향해 짖어대는 개와 같은 짓을 곧잘 하는 것이다. 개는 거울 속에서 그것이 다른 개인 줄 알고 짖어대는 것이다.

남의 결함을 들추는 것은 자기 자신을 탓하는 것도 된다. 즉, 다른 사람들의 행동을 자기 혼자만이 조심스럽게, 그리고 날카롭게 비판하는 취미와 습성을 가진 사람들은 이로 말미암아 간접적으로 그들 자신의 결함을 바로잡을 수도 있다. 왜냐하면, 자기가 이처럼 자주 엄격히 비난하는 일이라면, 자기 자신도 이를 피하려는 정의감과 긍지와 허영심까지도 충분히 지니게 될 터이니 말이다.

그런데 관대한 사람은 이와는 반대로, '우리는 서로 눈을 감아 준다.' 호라티우스 〈알스 포에티가〉는 일이 일어나고 있다. 그리고 마태복음에는, '남의 눈에 들어있는 티끌은 보면서 자기 눈에 들어있는 대들보는 보지 못하는가.'하고 타당하게, 그리고 아

름답게 가르치고 있다.

인간의 눈은 본래가 외부의 사물은 잘 보지만 자기 자신은 잘 볼 수 없게 돼 있다. 그러므로 자기 결점을 돌이켜 보기 위해서는 남이 가진 결점을 찾아내어 비난하는 것이 매우 적절한 수단이 될 수도 있다. 우리는 자기 자신의 결함을 고치기 위해 하나의 결함을 가질 필요가 있다.

문체와 철자법에 관해서도 이 원칙이 그대로 들어맞는다. 즉, 어떤 그릇된 문체가 유행되었을 때 이를 비난하기는커녕 오히려 감탄하는 사람은 반드시 그것을 모방하게 될 것이다. 독일에서 나쁜 문장이 판을 치고 있는 것도 이 때문이다.

독일 사람들이 매우 관대하다는 것은 누구나 다 알고 있다. '우리는 서로 눈을 감아 준다.'는 것이 그들의 표어이다.

조금이라도 고귀한 성품을 지닌 사람은 젊었을 때 사람이 서로 어울려 지내는 것은 관념적이라고 한다. 다시 말해서 성격이나 사고방식, 취미, 지능 등이 비슷하기 때문이라고 생각하고 있지만, 몇 년이 지나면 그것이 현실적인 것, 즉 어떤 물질적인 이해타산 때문에 지탱되고 있다는 것을 깨닫게 된다.

이 이해타산이 거의 모든 인간의 결합에 기초를 이루고 있다.

인간의 대부분은 다른 문제에 대해서는 하나의 개념조차 갖고 있지 않다. 그리하여 모든 사람은 그 관직과 그 직업, 그 국적, 그 가문에 따라서, 다시 말해 일반적인 인습이 그에게 준 지위와 역할에 의해 평가되며, 이 인습에 의해 마치 공장 제품을 대하듯 똑같이 대한다.

그리고 그가 인간으로서 그 인격적인 특징에 따라 그 자신을 위해 존재하는 것은, 다만 때때로 마음이 내키면, 따라서 단지 예외적으로 화제에 오를 뿐이며, 그나마도 모든 사람에게 그런 여건이 갖추어졌을 때뿐이다. 그러므로 대개 그런 이야기는 거의 모든 사람의 입에 오르지 않고, 따라서 문제시되지도 않게 된다.

그런데 개인적인 특징의 가치가 클수록 그에게는 보편화되어있는 사회구조가 마음에 들지 않을 터이므로 자연히 세상을 등지게 마련이다. 한편 잘 생각해 보면 세상 사람들이 인격적인 가치보다 이해관계에 치중하는 것도 부득이한 일이다. 왜냐하면, 모든 고뇌와 결함에 가득 찬 이 세상에서는 언제나 이것부터 제거할 대책을 세우는 것이 가장 시급하기 때문이다.

5 우정은 분명히 이기주의적인 동기에서 출발한다

세상이 진화하면서 은화 대신 지폐를 사용하는 것처럼, 참된 존경과 우정 대신에 이를 되도록 그럴듯하게 가장하는 외모와 행동이 곧잘 통용되게 마련이다. 하기는 과연 참된 존경과 우정을 바칠 만한 사람이 있느냐는 것도 의문이다. 어쨌든 나로서는 이런 맹랑한 언동이나 행위보다는 차라리 충실한 한 마리의 개가 꼬리를 쳐 주는 편이 더욱 가치 있게 생각된다.

만약 이 세상에 참으로 깨끗한 우정이 있다면 그것은 친

구의 행복과 불행에 대하여 전혀 사심을 섞지 않은 순수하고 객관적인 동정이 앞서야만 한다. 이와 같은 동정은 친구와 자기가 일심동체라는 과점에서 비롯되어야 한다. 그러나 모든 인간이 지닌 선천적인 근성이지만, 실제 행동은 이러한 일체관과 완전히 배치되는 것이므로 참된 우정이란 모든 사물과 마찬가지로, 옛말에나 나오는 커다란 바다뱀처럼 지어낸 이야기가 아닌지 모르겠다.

그러나 세상에는 분명히 여러 가지 이기주의적인 동기에서 출발한 것이기는 하지만, 그래도 진실 되고 순수한 우정도 다소 섞여 있어서 이 불완전한 세계에서 어느 정도 정당한 권리를 갖고, 우정이라고 불러도 무방할 정도로 고귀하다고 볼 수 있는 여러 가지 사교가 존재하는 것이다.

이와 같은 결합은 평소에 가까이 지내는 것보다는 훨씬 차원이 높은 것이다. 우리가 평소 가깝게 지낸다고 하더라도 만일 우리가 자기가 알고 지내는 사람 대부분이, 자기가 없는 데서 자기에 대하여 무엇이라고 말하는가를 귀로 분명히 들을 수 있다면 벌써 그들과 한 마디도 나누고 싶지 않을 것이다.

우리가 친구의 성실성을 시험해 보려면 진정한 도움과 많

은 희생을 요구해야 할 경우가 가장 적합하며, 다음으로는 방금 겪은 불행을 상대방에게 알릴 때 보면 알 수 있다. 이때 친구의 표정에 진실하고 순수한 비탄의 빛이 나타나는가, 아니면 평소와 다름없는 냉정한 태도를 보이는가, 혹은 또 다른 표정을 짓는가에 따라 그 우정의 정도를 알 수 있다.

롯슈프코는 말하고 있다. "인간은 가장 가까운 친구의 불행에 대해서도 일종의 기쁨을 느낀다." 즉, 이 경우에도 친구들은 보통 얼굴을 찌푸리고 일종의 교활하고 만족스러운 미소를 참지 못하는 것이다. 친구에게 자기가 최근에 겪은 큰 불행에 관하여 이야기하거나 자기의 개인적인 약점을 솔직히 말할 때처럼 그를 즐겁게 하는 일은 없다. 이것은 참으로 기묘한 일이다.

그의 모든 우정은 피차 멀어져 있거나 오랫동안 소식이 끊기면 손상되게 마련이다. 역시 우리가 만나지 않고 있는 사람이 설사 가장 사랑하는 친구라고 하더라도 세월이 흐르는 동안 점점 식어 멀어지고 우정이란 하나의 추상적인 개념이 되어버린다. 그들에 관한 관심은 점점 줄어들어, 단지 이성적이라기보다는 전설적인 것이 되어버린다.

커다란 진심에서 우러나오는 동정은 우리가 눈으로 목격

할 수 있는 것으로 한정된다. 이것은 상대방이 하나의 귀여운 동물에 지나지 않을 때도 마찬가지이다. 그만큼 인간의 천성은 감각적인 것이다. 그러므로 여기서도 다음과 같은 괴테의 말은 잊을 수 없다.

> 현재는 매력이 있는 여신이다.
>
> **— 괴테 〈탓소〉**

친구는 피차에 '성실?'을 내세운다. 그러나 참으로 성실한 것은 친구가 아니라 적이라는 사실이다. 그러므로 자기를 알려면, 적의 비난을 쓴 약으로 이용해야 할 것이다. 궁할 때 돌봐주는 친구는 드문 것일까? 그러나 사실은 정반대이다. 누가 당신의 친구가 되었다면, 그때 그는 이미 역경에 놓여 돈을 꾸기 위해 당신에게 손을 내밀 것이다.

정신력과 분별력을 남에게 보여 주는 것이 세상 사람들에게 호감을 사는 방법의 하나라 잘못 생각하는 사람이 있다면 이는 한 어린아이에 불과하다. 대부분의 사람은 남의 재능을

목격하면 오히려 거부감이나 시기심을 느끼게 된다. 이 증오나 시기심은 그 재능에 대하여 트집을 잡을수록, 그리고 애써 그것을 무시하려고 하면 할수록 심각해지고 극렬해진다.

다시 한번 강조해서 상세히 말하면 어떤 사람이 자기와 이야기하는 상대가 훌륭한 정신을 가진 사람으로 보이거나 생각되면 은근히 그리고 잘 알지도 못하면서, 지금 마주하는 상대가 자기의 정신 수준이 낮고 비좁다는 것을 알아차리고 있을 것이다. 이와 같은 약식 삼단논법이 그에게 증오와 원한과 분노를 일으키게 하는 것이다.

그러므로 그라시안1545~1658, 스페인의 종교가이 '남에게 호감을 사는 유일한 방법은 가장 어리석은 짐승의 가죽을 쓰는 일이다.'라고 말한 것은 참으로 적절한 표현이다.

정신과 지능을 자랑하는 것을 다른 사람들의 관점에서 보면 그들의 무능과 어리석음을 멸시하는 간접적인 방법이기 때문이다. 그리고 저속한 자질을 가진 사람은 자기와 반대되는 면을 보면 반항심을 일으키게 되는데, 그 발단은 숨어있는 질투에서 온다.

왜냐하면, 그들의 허영심을 충족시키는 것은 흔히 볼 수 있는 것처럼 사람들에게 더 없는 즐거움이며, 이와 같은 즐거움

은 오직 그들 자신을 다른 사람들과 비교하는 데서 얻을 수 있기 때문이다. 그러므로 인간이 자랑할 수 있는 가장 훌륭한 장점은 정신 이외에는 없다고 할 수 있다. 따라서 이것으로 말미암아 인간이 동물들보다 뛰어나다고 할 수 있다.

인간이 정신면에서 두드러진 자기의 우월을 다른 사람들 앞에서 보여 주는 것은 대담하기 짝이 없는 일이다. 이 경우에 상대방은 마음의 상처를 입게 되고 반드시 보복하려고 생각하게 될 것이다. 그나마 그 보복을 모욕이라는 수단으로 감행하려고 할 것이다.

이쯤 되면 그는 지성의 영역에서 벗어나 의지의 영역으로 들어간다. 우리가 의지의 영역에서 대립할 때 우리의 모든 입장은 평등하게 된다. 그러므로 사회에서는 지위나 돈은 언제나 존경을 받을 것을 기대하여도 무방하지만, 정신적인 우월만은 기대해서는 안 된다.

또한, 운이 좋으면 이것이 무시될 정도에서 그치지만 그렇지 않으면 뻔뻔스러운 일로 간주하거나, 또는 그 소유자가 부당한 방법으로 손에 넣은 것을 자랑한다고 생각하게 된다. 그리하여 다른 방법으로 어떤 모욕을 주려고 모든 사람이 몰래 획책하고 그 기회를 기다리고 있는 것이다. 그러므로 아무리

겸손한 태도로 정신적인 우월을 보여 준 데 대하여 용서를 구하더라도 소용이 없을 것이다.

사디는 〈그리스탄〉에서, '무지한 자들이 지혜로운 사람에 대해 느끼는 반감은, 지혜로운 사람이 무지한 자들에 대해 느끼는 혐오의 갑절이나 된다는 것을 알아야 한다.'고 말했다. 한편 정신이 저급한 사람은 일종의 추천장이 될 수 있다.

몸이 따뜻하면 쾌감을 느끼는 것처럼 정신이 우월하면 쾌감을 느끼게 되므로, 사람들이 모든 난롯가나 햇살을 그리워하듯이 본능적으로 쾌감을 약속하는 대상에 가까이 다가간다. 그리고 이와 같은 대상은, 남자의 경우는 정신적인 면에서, 여자의 경우는 아름다움에서 자기보다 떨어지는 자이다. 물론 많은 사람에 대하여 자기가 모자란다는 것을 그대로 입증해 보이는 것도 쉬운 일은 아니다. 꽤 예쁜 처녀가 진심으로 호감을 느끼고 추남을 맞아들이는 것을 보라. 육체적인 미는, 남자에게는 그다지 문제가 되지 않는다.

인간은 자기보다 훌륭한 사람 곁에 있는 것보다, 자기보다 못한 사람 곁에 있는 편이 훨씬 기분이 좋다. 그러므로 남자들 사이에서는 어리석고 무식한 여자가, 여자들 사이에서는 추한 남자가 대체로 호감을 사는 것이다. 그리하여 그들은 항상

매우 선량한 사람이라는 평판을 듣기도 한다. 사람들은 자기가 좋아하는 상대방을 위해 어떤 구실이 필요하기 때문이다.

이로 말미암아 정신적으로 우월한 사람은 고립되는 경향이 있다. 이와 같은 특징은 남에게 외면을 당하고 또 미움을 받지만, 이에 대한 구실로서 모든 결점을 조작해 내기도 한다.

세상에서 출세하려면 친구와 동지가 귀중한 수단이 된다. 그런데 본래 뛰어난 자는 교만해서 무능한 자들에 대해서는 자기 능력을 감추거나 부정해야 하는 대신에, 이들에게 아첨할 수는 없게 되어있다. 그러나 자기의 능력이 보잘것없다는 인식은 이와 반대의 역할을 하며, 이 인식은 겸손과 친절과 아부 및 열등한 자에 대한 존경심도 조성하므로 친구들과 보호자를 손쉽게 얻을 수 있다. 이것은 단지 관리의 생활에만 적용되는 것이 아니라 명예나 지위나 현직 그리고 학문사회에 있어서도 명성에 해당한다. 그리하여 여러 대학에서도 언제나 평범한 자가 상석을 차지하고 실력이 있는 자들은 이들보다 한결 처지거나 혹은 배척을 당하게 마련이다. 이런 현상을 어디서나 찾아볼 수 있다.

여자들 사이에서는 아름다움이 같은 작용을 하여, 매우 예쁜 여자는 친구도 없다. 그러므로 미인에게는 함께 걸어가 주는 여자도 별로 없다. 이런 미인은 '안방 시녀' 같은 것을 원해도 고용될 가망이 없는 줄 알고 미리 단념하는 것이 좋다. 왜냐하면, 그녀와 면접을 하자마자 딸의 어머니는 자기를 위해서나 자기 딸을 위해서도 이런 미인을 곁에 두는 것을 꺼리기 때문이다.

이와 반대로 지위나 신분이 높으면 사정은 달라진다. 왜냐하면, 개인적으로 뛰어나면 상대방은 열등감을 느끼는 것과는 달리 마치 '좋은 옷이 날개'가 되는 것처럼 그 후광은 반사적으로 열등한 자를 돋보이게 하기 때문이다.

6 누구를 신임한다는 것은 우리 자신의 허영이 그 원인이다

우리가 남을 신임한다는 것은 대체로 우리 자신의 태만과 사욕과 허영이 그 원인이 된다고 하겠다. 우리가 스스로 살펴보거나 감시하거나 실천하는 대신에 남을 신뢰한다면 그것은 태만이며, 우리의 요건을 남에게 맡기는 것은 사욕의 발로이며, 이처럼 남에게 맡긴 것을 자랑한다면 그것은 허영심이다.

그런데도 우리는 남에게 자기 신임을 존중할 것을 요구한다.

불신임에 대하여 우리는 반드시 분개하지 않아도 좋을 것

이다. 왜냐하면, 불신임 속에는 성실성이 극히 적은 것에 대한 정직한 고백이 깃들어 있으며, 본래 성실은 극히 보기 드문 것으로, 그 존재까지도 의심스러운 정도이기 때문이다.

나는 중국 사람들이 가장 중요한 덕으로 간주하는 '예의'에 대해서는 이미 〈윤리학〉 속에서 그 근거를 밝혔지만, 또 다른 근거를 지금부터 이야기하려고 한다. 예의는 하나의 묵계墨契이며, 서로의 도덕 및 지적으로 무능하거나 무기력함을 불문에 부치고 탓하지 않음으로써 조금이라도 이런 소질이 눈에 드러나는 일이 적어지므로 피차에 이익이 된다.

예의를 지키는 것은 현명한 일이며, 따라서 무례는 어리석은 일이다. 무례한 짓을 자행하여 적을 만드는 것은 자기 집에 불을 지르는 것과 다름없는 어리석은 짓이다. 예절은 예컨대 도박장의 화폐와 같은 것으로 실질적인 가치가 없는 가짜 돈이나 마찬가지이다. 따라서 이런 돈을 아낀다는 것은 무지 때문이며, 반대로 마구 뿌리며 다니는 것이 지혜로운 일이다.

그런데 프랑스, 영국, 이탈리아와 같은 나라 사람들은 편지를 끝낼 때, '그대의 가장 충실한 종'이라고 쓰지만, 독일 사

람만은 '종'이라는 말을 쓰지 않는다. 그것은 분명히 허황한 말이기 때문이다. 그런데 예절을 지나치게 지켜 오히려 손해는 보는 사람이 있다면 도박장의 화폐 대신에 진짜 금화를 내는 격이다.

초는 본래 연하여 조금만 열을 가하면 부드러워지므로, 마음대로 여러 가지 형태를 만들 수 있는 것처럼 인간은 강직하여 적의를 품은 자까지도 약간의 예의와 친절을 베풀면 부드럽고 온화한 인간으로 만들 수 있다. 그러므로 이와 같은 인간에 대한 예의의 효과는 초에 대한 열의 효과와 같다.

예의는 대다수 사람이 전부 존경할 만한 존재가 아닌데도 우리가 모든 사람에게 존경을 표시하는 것과 같다. 우리가 그들에게 조금도 관심을 두고 있지 않으면서도 그들에게 큰 관심이 있는 것처럼 행동해주기를 원한다. 따라서 이런 점에서는 하나의 어려운 과제가 아닐 수 없다. 예의와 긍지를 일치시키면 그야말로 하나의 걸작이 될 것이다.

본래 모욕은 존경하지 않는다는 표시이다. 우리는 모욕을 받으면 한편으로는 자기의 높은 가치나 품격에 대하여 과장된 관념, 즉 부당한 자부심을 느끼지 않는다. 다른 한편으로 흔히 모든 사람이 마음속으로 타인에 대해 품거나 생각하는

것을 헤아려 보면 그다지 화를 낼 것도 없을 것이다.

그런데 사람들이 자기에 대한 약간의 비난에 대해 느끼는 민감성과 그들이 자기를 숨어서 욕하는 소리 사이에는 얼마나 큰 차이가 있는 것인가!

우리는, 일반 예의는 다만 이빨을 드러내놓고 웃는 가면에 지나지 않는다는 것을 알아야 한다. 그렇게 되면 때로는 가면이 벗겨졌거나 땅에 떨어지는 경우가 있을지라도 법석을 떨 필요가 없을 것이다. 그러나 어떤 자가 예절을 무시하고 무례한 행동을 하면 그것은 곧 자기 옷을 벗어 버리고 알몸으로 나선 격이다. 이 얼마나 꼴불견인가.

7 우리는 남을 본보기로 하여 행동해서는 안 된다

우리는 남을 본보기로 하여 행동해서는 안 된다. 왜냐하면, 나와 남은 환경과 처지와 사정이 같지 않으며 성격도 달라 행동이 여러모로 다르게 나타나기 때문이다. 그래서 '두 사람이 같은 얼굴을 하고 있어도 결코 같다고 할 수 없다.'는 말이 있는 것이다.

우리는 이해가 갈 때까지 깊이 생각하고 반성하고 나서 자기 성격을 따라 행동해야 한다. 그리고 실천적인 방면에서도 결코 독창성을 잃어서는 안 된다. 이것은 자기의 행위와 자기

자신이 분리되는 결과를 가져오지 않기 위해서다.

남의 견해를 반박하지 말라. 그가 믿고 있는 모든 부조리를 완전히 그에게 이해시키려고 하면, 므두셀라구약에 나오는 인물로, 969세까지 생존했음 만큼 오래 살더라도 그 목적을 달성하지 못할 것이다.

또한, 남하고 이야기할 때 결코 호의적으로도 상대방의 잘못을 지적해서는 안 된다. 남의 감정을 상하게 하기는 쉽지만, 그 잘못을 바로잡는 것은 불가능하다고까지 말할 수는 없어도 매우 어려운 일이기 때문이다.

어떤 사람들이 나누는 이야기를 들을 때, 그 이야기가 차마 귀로 들을 수 없고 이치에 닿지 않더라도 제3자가 개입할 필요가 없다. 우리는 단지 그들을 서투른 연극을 하는 것으로 생각하면 된다. 세상에 진리나 교훈을 전하려는 사람이 그 임무를 무난히 마쳤다면 그것은 하나의 요행에 지나지 않는다고 할 수 있다.

자기의 견해를 상대방에게 이해시키려면, 괜히 과장하여 열을 올리지 말고 끝까지 냉정한 태도로 이야기하여야 한다.

모든 열의나 열중은 의지에서 비롯되며, 지성의 본질은 냉정한 데 있다. 따라서 자기 견해를 이야기하면서 감정에 흐르면 듣는 사람은 그 말을 지성보다 의지의 소치小癡라고 생각하는 것이다.

물론 인간에게 기본적인 것은 의지이며, 지성은 2차적이고 부수적인 것이므로, 그들은 참된 견해가 의지를 흥분시키는 줄 모르고 흥분된 의지에서 그릇된 견해를 말하는 것으로 안다.

자기를 다른 사람에게 자랑하는 것은 설사 그럴 만한 이유가 있더라도 삼가야 한다. 왜냐하면, 사람은 허영심이 넘치면 자신의 진가는 찾아보기 어려운 것이 보통이므로, 조금이라도 자기를 내세우면 사람들은 그것을 곧 허영으로 간주한다. 거기에는 남의 비웃음을 살만한 것을 통찰할 지성이 모자란다고 생각하기 때문이다.

그러나 프랜시스 베이컨은 남을 비난하는 것과 마찬가지로 자기 자랑에 대해서도 '언제나 어떤 취할 점이 있다.'고 해서 적당한 자화자찬을 권장하고 있는데, 이것 또한 전혀, 틀린 견해는 아닐 것이다.

남이 거짓말을 하는 듯싶으면 그것을 정말로 여기는 듯한 태도를 보여라. 그렇게 하면 상대방은 신이 나서 더욱 떠벌릴 것이며, 드디어 그 사람의 정체를 드러낼 것이다.

이와 반대로, 상대방이 숨기려고 하는 진실을 일부 발설했을 때에는 이를 믿지 않는 듯한 태도를 보여라. 그렇게 하여 상대방이 당신의 태도에 이끌려 모든 비밀을 털어놓는 것을 기다려 보라.

8 사사로운 비밀을 알려주면 뜻하지 않은 피해를 볼 수 있다

자기의 사사로운 일은 비밀로 하고, 친한 사람에게도 그들이 객관적으로 인정할 수 있는 자기만을 보여 주고, 그 밖의 것은 어디까지나 덮어두는 것이 바람직하다. 왜냐하면, 그들에게 자기의 사사로운 비밀을 알려 주면 나중에 뜻하지 않은 피해를 받을 염려가 있기 때문이다.

남들에게 자기의 지능을 표시할 때 말보다 침묵으로 하는 것이 훨씬 나을 때가 있다. 말은 허영에 속하고 침묵은 지혜에 속하기 때문이다. 그리고 말할 경우와 침묵을 지킬 때는

그 횟수가 거의 같아야 하지만, 우리는 흔히 전자가 가져다주는 일시적인 만족을 택하고, 후자에게 얻을 수 있는 이득을 저버리는 수가 많다.

그리고 원기 왕성한 사람에게서 흔히 찾아볼 수 있는데, 가끔 혼자 큰 소리로 고함을 질러서 직성을 푸는 일은 삼가야 한다. 이런 일을 자주 되풀이하면 버릇이 되어 생각과 말이 언제나 사이좋게 손을 잡고 남과 이야기할 때 자기의 견해를 곧이곧대로 나타내게 된다. 그러나 현명한 이지理智는 우리의 견해와 이야기 사이에 넓은 간격을 두어야 한다고 명령하고 있다.

우리는 다른 사람이 우리 자신에 관한 어떤 일을 조금도 의심하려고 하지 않는데, 우리가 그는 도저히 믿어 주지 않으리라 생각할 때도 있다. 그런데 이런 기미를 그들에게 보이면, 그들은 이미 어떤 일이든지 믿어 주지 않게 된다. 그러나 우리는 항상 남들이 그런 기미를 알 리가 없다고 멋대로 생각하고 마냥 지껄이는 경우가 있다.

그것은 마치 우리가 높은 곳에 서 있어서 현기증을 일으키고, 거기 그대로 서 있을 수 없으므로 시달림을 당하느니 차라리 아래로 뛰어내리는 것이 낫다는 생각에서 몸을 던지는

것과 마찬가지다. 이 망상이야말로 현기증이라는 것이다.

다른 입장에서 다시 되풀이해 말하면, 다른 방면엔 매우 둔한 자가 남의 사사로운 일에 대해서는 뛰어난 대 수학자처럼 하나의 숫자만 가지고 아무리 복잡한 문제라도 척척 풀어낸다는 것을 알아야 한다.

그러므로 그들에게 과거의 어떤 일에 대하여 말할 경우, 그 장본인에게 관계되는 일은 물론이고 그 시간이나 장소, 그리고 사소한 관계자의 이름과 그 밖의 아무리 보잘것없는 간접적인 일이라도 반드시 비밀에 부쳐야 한다. 만일 그렇게 하지 않으면 그들에게 계산의 죄를 제공하게 되어 모든 것을 알아내게 될 것이다. 이때 그들은 호기심이 강하게 작용하므로, 지능이 의지의 도움을 받아 어려운 해답도 곧잘 풀어낼 수 있다.

사람들은 보편적인 진리에 대해서는 무감각하고 무관심하지만, 개인의 사사로운 일에 대해서는 캐고 따지기를 잘 하는 것이다.

옛날부터 모든 처세의 가르침에서 침묵을 지키라고 강조한 것 또한 이 때문이다. 여기서는 특히 인상적이면서도 세상에는 흔히 알려지지 않은 아라비아의 격언을 소개하고자 한다.

그대의 적에게 알려서는 안 되는 것은
그대의 친구에게도 이야기하지 말라.

내가 자신의 비밀을 입 밖에 내지 않으면
비밀은 나의 노예가 되지만
입 밖에 내는 순간 나의 주인이 된다.

침묵의 나무에는 평화의 열매가 열린다.

남에게 사기를 당한 돈은 가장 유용하게 쓴 것이나 다름없다. 왜냐하면, 우리는 그 대신 그 돈으로 '조심'을 샀기 때문이다.

우리는 어떤 사람에게나 분격해서는 안 된다. 그러나 각자의 행위는 세밀하게 관찰하여 기억해 두어야 한다. 그리고 그들에게서 당신과 관계되는 점이 발견되면 그들이 지닌 가치를 따진 후에 인간의 성격은 불변한다는 점에 유의하여 그들

의 진가에 부합되는 언동을 취해야 한다.

상대방의 고약한 성격을 파악하고 나서 곧 잊어버리는 것은 마치 애써 모은 돈을 창밖으로 내던지는 것과 같다. 누구나 이런 점에 유의하면 남을 무조건 신뢰하여 경솔하게 행동하거나 교제하는 데서 오는 위험을 막을 수 있다.

'사랑하지도 말고 미워하지도 말라.'는 것이 모든 허세에 관한 지혜의 반면을 나타내고 '아무것도 말하지 말고 아무것도 믿지 말라.'는 말은 다른 반면을 나타낸다.

그러나 인간은 이런 교훈이나, 이제부터 말하는 교훈이 있어야 하는 세계에는 등을 돌리고 싶을 것이다.

분노나 증오를 얼굴에 나타내는 것은 아무짝에도 쓸모없는 무익하고 위험한 행동이고 어리석고 웃음거리가 되는 일이다. 그러므로 분노나 증오를 행위로 나타내는 이외에는 결코 표현해서는 안 된다.

사람들이 말이나 얼굴에 분노나 증오를 나타내기를 완전히 피할 수 있다면 그만큼 행위로 더욱 온전히 표시할 수 있을 것이다. 세상에는 냉혈 동물만이 독이 있는 것이다.

'격한 어조로 말하지 말라.'는 오랜 처세의 가르침은 해야 할 말만 요령 있게 하고 그 해석은 남에게 맡기라는 뜻이다. 일반 사람들은 이해력이 부족하므로, 그들이 해석을 내리는 것은 그 이야기를 들은 장소에서 떠난 뒤의 일이다.

이와는 반대로 '격한 어조로 말하는 것'은 감정에 호소하는 것이 되므로, 이 경우에는 모든 사정이 거꾸로 된다. 사람 대부분은 점잖은 태도로 조용히 말하면 아무리 무례한 말이라도 당장 눈앞에서는 화를 내지 않는다.

24

PART 3

인생에 대하여

Chapter 5

진짜 인생은 괴로움과 위기를 동반한다

쇼펜하우어
인생 편의점

1 우리가 살아가는 직접적인 목적은 괴로움이다

우리가 살아가는 직접적인 목적은 괴로움이다. 그렇지 않다고 한다면, 우리가 세상을 살아가는 이유를 어디에서도 찾을 수 없다.

왜냐하면, 삶에 수반되는 괴로움이나 세상에 충만한 우환이 우연히 일어나는 것이며, 삶의 목적 그 자체가 아니라고 생각하는 것은 이치에 맞지 않기 때문이다. 하기는 특수한 개별적인 불행은 예외로 보일지도 모른다. 그러나 이 세상은 어디에나 불행이 가득 차 있다.

가로막는 장애가 없는 한, 강물은 조용히 흘러가게 마련이다. 이와 마찬가지로 인간이나 동물의 세계에서도 의지라는 장애물이 없다면 삶을 의식하지 못하며, 생명을 느껴보지도 못한 채 그냥 흘러갈 것이다. 우리가 어떤 것에 주목하고 또 그것을 의식하는 것은 우리의 의지가 장애물 받아 충돌이 생겼기 때문이다.

우리는 의지를 훼방하는 것, 의지를 가로막거나 대적하는 것, 다시 말하면 싫증을 일으키거나 고통을 주는 것은 무엇이나 금방, 또 분명히 느낀다.

우리는 몸이 건강할 때는 몸에 대해 아무것도 느끼지 못하지만, 가령 구두가 작아 발을 죄든가 하면 그 아픔은 금방 분명히 느낀다. 또 자기가 경영하고 있는 사업이 순조롭게 운영될 때는 이것에 대해 특별한 의식을 갖지 못하지만, 사업에 언짢은 일이 생기면 비록 작은 일일지라도 신경을 쓰지 않을 수 없게 된다. 다시 말하면 평안과 행복은 우리에게 소극적인 역할밖에 하지 못하지만 괴로움은 적극적인 역할을 한다.

내가 제일 못마땅하게 생각하는 것은 거의 모든 형이상학이 우리에게 해악을 주는 것을 소극적으로 작용하는 양 설명

하는 점이다. 사실은 이와 정반대이다. 즉, 우리에게 해롭고 악한 것만이 그대로 실감 나게 느껴지는 것이다. 그러므로 이런 것만이 적극성을 띠고 우리에게 작용한다.

이와는 달리 모든 바람직한 일과 행복과 만족은 소극적인 역할밖에 하지 못한다. 그것은 오직 하나의 욕구를 충족시키고, 이제까지 느껴 온 괴로움을 없애는 순간적인 작용을 하는데 그친다.

그리고 이미 이루어진 기쁨은 우리가 기대한 것보다 못한 것이 상례常例이며, 이와 반대로 괴로움은 예상보다 더욱 큰 아픔을 주게 마련이다. 이 점을 확인하고 싶거나, 또는 쾌락이 고통보다 월등하다거나 혹은 쾌락과 고통이 서로 상쇄相殺된다고 하는 주장이 옳은가 그른가를 분명히 알고 싶으면, 남을 잡아먹는 동물의 쾌감과 남에게 잡아먹히는 동물의 불쾌감이 어떻겠는가를 견주어 보면 될 것이다.

모든 불행과 고통에 대해 우리가 느낄 수 있는 가장 효과적인 위안은 자기보다 더욱 비참한 자들을 바라보는 것이다. 이것은 누구나 할 수 있는 방법이다. 그런데 이 경우에 모든

사람에게 어떤 일이 일어나는가?

백정이 지금 자기들을 고르고 있는 줄도 모르고 목장에서 즐거운 듯이 뛰노는 양 떼들을 생각해 보라. 우리도 이와 마찬가지이다. 우리가 현재의 복된 나날을 즐기고 있더라도 운명이 우리에게 재앙을 내리려고 어떤 준비를 하고 있는지 전혀 알지 못하는 것이다. 병마, 박해, 퇴락, 살상, 실명, 발광 등등.

우리가 손에 넣으려는 대상은 모두가 우리에게 저항한다. 이처럼 우리에게 적의敵意가 있으므로 우리는 먼저 이것을 억제해야 한다. 대중이 살아가는 모습을 보더라도, 역사가 우리에게 보여 주는 바와 같이, 전쟁이나 반란 같은 것이 끊임없이 일어나고 있다. 한때 평화를 누려 본대야 그것은 우연히 한 번 누리게 된 짧은 휴식시간에 지나지 않으며, 또한 하나의 막간극幕間劇에 불과하다.

우리 개개인의 생애도 이와 마찬가지로 끊임없는 투쟁으로 일관되어 있다. 즉, 우리는 흔히 볼 수 있는 해악害惡이나 곤궁, 권태 등에 도전할 뿐만 아니라 같은 족속인 다른 사람에게도 대항한다. 그리하여 인간은 가는 곳마다 자기의 적을 발견하게 마련이다. 요컨대 인생이란 휴전 없는 싸움의 연속

이며 인간은 손에 무기를 든 채 죽게 되어있다.

삶의 괴로움에 더욱 박차를 가하는 것은 시간이다. 그리하여 우리는 얼른 지나가 버리는 시간에 쫓겨 좀처럼 숨을 들릴 여유를 가질 수 없다.

시간은 교도관처럼 우리의 등 뒤에서 회초리를 들고 서 있다. 그리고 시간은 권태라는 이름의 병에 걸린 사람들에게는 고통을 안겨 준다.

우리들의 육신이 대기大氣의 압력이 없으면 파열해 버리는 것과 같이, 삶은 번민과 실패와 노고의 중압이 없어진다면, 지나친 방종으로 말미암아 송두리째 결딴나 버리거나, 아니면 심한 변덕과 사나운 광태와 우매에 빠지게 될 것이다. 그러므로 인간은 누구를 막론하고 언제나 다소의 걱정이나 고뇌, 또는 불행이 있어야 한다. 이것은 마치 배가 물 위에 떠서 안전하게 항해하기 위해서는 배에 무게를 주는 물체가 있어야 하는 것과 마찬가지이다.

노동, 가책呵責, 괴로움, 궁핍, 이것은 거의 누구에게나 평생 따라다니는 운명이다. 그런데 만일 우리의 모든 소원이 마음속에서 생기자마자 금방 충족된다면 대체 인생은 무엇으로 그 공백을 메울 수 있겠는가? 인간은 무엇을 소일거리로 삼고 세월을 보내게 되겠는가? 우리가 머릿속에 그리는 천국에 인류를 송두리째 옮겨 놓는다면 어떻게 될까? 모든 생물이 스스로 무럭무럭 자라나고, 종달새가 사람들의 입가를 거리낌 없이 날아서 지나가고, 누구나 원하는 여자를 쉽사리 손에 넣을 수 있다면 어떻게 될까? 그렇게 되면 인간은 권태가 지겨워 숫제 죽어 버리든가, 혹은 싸움과 살해를 일삼아, 자연이 오늘날 우리에게 보여 주고 있는 것보다 더욱 많은 고통을 맛보게 될 것이다.

그러므로 인류라는 이름의 종족에게는, 위에서 말한 고뇌의 세계가 살기에 적합한 고장이며, 그 밖의 어떤 다른 무대나 장소도 적합하지 못하다.

2 인생이라는 무대 위에는 어떤 일들이 기다리고 있을까?

장차 자기에게 전개되려는 운명을 목전에 두고 있는 유년 시절에의 인간의 모습은 마치 극장에서 아이들이 막을 앞에 놓고 앉아 있는 모습과 비슷하다.

우리는 인생이라는 무대 위에서 앞으로 나타날 일들을 기다리고 있는 것이다. 그런데 우리가 너나없이 기꺼이 기대하며 마지않는 행복은 어떤 성질의 것인지 아무도 미리 알아낼 수 없다. 다만 이 아이들은 삶을 부여받은 죄인으로서, 그 내용이 어떤 것인지 전혀 모르고 있다.

그러나 누구나 오래 살기를 바라고 있는데, 이 장수라는 것은 다음과 같이 표현된 상태에 불과하다. 즉, '오늘은 고약하다. 앞으로 점점 더 고약해질 것이다, 마지막 날이 다가올 때까지…….'

태양에 반사된 모든 불행과 고뇌의 정체를 될 수 있는 대로 정확하게 생각해 보면, 저 태양이라는 항성恒星이 달에 대해서와 마찬가지로 지구에 대해서도 힘을 잃어, 이런 생명현상이 나타날 수 없었던들 얼마나 좋았을까, 지구의 표면도 달의 표면과 마찬가지로 얼어붙어 있다면 얼마나 다행스러웠을까 하는 생각이 들 것이다.

한편 우리의 생애는, 허무한 축복과 안정을 헛되이 어지럽게 하는 작은 사건의 연속으로 볼 수도 있다. 아무튼, 얼마간 안이한 생활을 하는 사람들도 차츰 나이를 먹어갈수록 인간의 생활은 모든 면에서 실망이라기보다는 기만에 불과하다는 것, 바꾸어 말해서 인생이란 규모가 큰 하나의 미궁이라기보다는 하나의 속임수라는 것을 더욱 분명히 느끼게 되는 것이다.

아들과 손자의 세대까지 오래 살아남은 사람들은 자기 자신의 나이라는 시장바닥에 마련된 진열실에 앉아서 미치광이 같은 이야기가 똑같이 반복되는 것을 두 번 세 번 바라보는 구경꾼과 다름없다고 생각하게 될 것이다. 왜냐하면, 요컨대 인생도 미치광이 같은 이야기로써 한 번만 상연하게 마련이며, 속임수나 신기함도 한 번 지나가 버리면 벌써 감동을 주지 못하기 때문이다.

방대한 우주의 끝없는 공간에서 무수히 반짝이는 별들을 바라보면서 그 별들이 하는 일이라고는 불행과 비극의 무대인 세계를 비추는 것뿐이며, 이 세계는 적어도 우리에게 알려진 그런 비극으로 충만한 곳이고, 가장 행복한 경우라도 권태를 느낄 뿐임을 생각할 때, 우리는 미칠 듯한 심경을 억제할 수 없다.

세상에는 참으로 부러워할 만한 사람은 하나도 없는 반면에 비참한 사람들은 헤아릴 수 없을 정도이다. 인생이란 하나의 노고로 끝마쳐야 할 부역賦役에 불과하다.

잠시나마 이렇게 생각해 보라. 만일 인간의 생식행위가 생리적인 필요나 쾌락에서 비롯되는 것이 아니고, 오직 계획과 사려思慮에 의해 이루어진다고 하면 어떻게 될 것인가? 이 경

우에도 인류는 무난히 존속될 수 있을까? 그렇게 되면 누구든지 세상에 새로 태어나는 자식을 오히려 가엾게 여겨 그들에게 삶의 무거운 짐을 지우기를 싫어하지 않을까? 적어도 냉정한 마음으로는 그 짐을 지울 수 없어 많은 사람이 주저하지 않을까?

세계는 지옥이다. 인간은 각자 공박을 일삼는 망령이 되기도 하고, 비난을 농사로 아는 마귀가 되기도 한다.

나는 또다시 내 철학에서는 위안을 얻을 수 없다는 핀잔을 들을 것 같다. 그러나 이러한 핀잔은 세상 사람들 「창조주이신 하나님이 세상의 모든 것을 가장 선하고, 가장 아름답게 만들었다」는 의미의 말을 듣기를 원하는데, 내가 진실을 말했기 때문에 듣는 것이다.

교회에 나가는 것은 옳다. 그러나 제발 철학자를 귀찮게 하지는 말라. 적어도 그들에게 압력을 넣어 억지로 그들의 학설을 당신들의 〈신앙문답〉에 적응시키려고 하지는 말라. 그와 같은 당신들의 주문에 응하는 자는 사이비 철학자이다.

그런 철학자들에게서는 당신들의 구미에 맞는 학설을 들을 수 있을 것이다. 그러나 철학 교수라는 자들이 발표하는 상업적인 낙천설樂天說을 뒤엎는 것은 매우 쉬운 일이며, 또

재미있는 일이기도 하다.

인간은 생애의 전반부는 행복에 대한 갈망으로 차 있지만, 후반부에 와서는 일종의 참혹한 공포에 사로잡히게 마련이다. 즉, 이 후반부에 접어들면 정도의 차이는 있으나 모든 행복이 망상에 산물에 불과하며, 괴로움만이 실제로 존재한다는 것을 깨닫게 되는 것이다.

그리하여 현명한 사람들은 누구나 향락이 있기보다는 오히려 고통이 없기를 바라며, 다가오는 재해를 조금이라도 막아보려고 노력한다. 나도 젊었을 때는 대문에서 벨이 울리기만 하면, "야, 무슨 수가 있으려나 보다"하고 기대했었지만, 나이를 먹어 인생의 진상을 알게 된 후로는 똑같은 벨소리가 두려움을 느끼게 하여, "아, 무슨 골칫거리라도 생겼나?"하고 혼잣말을 하게 되었다.

그런데 노년기로 접어든 후로는, 정열이나 욕구가 하나하나 차례로 사라지므로, 이런 욕념欲念의 대상도, 이미 나를 유

혹할 수 없게 된다. 감각이 둔해지니 상상력이 약해지고 여러 가지 환상은 희미해지며, 인생은 흔적도 없이 사라져 버린다. 그뿐만 아니라, 세월은 빨리 달아나고 무슨 일이든지 의미를 상실하고 모든 것이 싱겁게 여겨진다.

그리하여 과거 속에 쇠퇴한 노인은 혼자서 비틀거리며 길을 걸어가거나 한구석에 드러누워, 지난날의 자기 자신에 대해서는 다만 그림자나 꿈을 간직하고 있을 뿐이다. 거기에 죽음이 다가온다.

'그러나 아직 죽음의 손에 멸망해 버린 것은 거의 없지 않으냐? 어느 날 설치던 잠이 영면으로 화하여, 그 꿈은……'. 햄릿이 혼자서 중얼거린 독백이다. 나는 누구나 살아서 그런 꿈을 꾸고 있다고 생각한다.

3 선량한 사람도 많은 위기를 거친 후에야 비로소 빛을 본다

앞길이 양양한 청년 시절의 꿈에서 깨어난 사람이나, 자기와 남의 경험을 성찰한 사람, 그리고 과거와 현재의 역사를 연구한 사람은, 뿌리 깊은 선입관념에 의해 이성을 그르치지만 않는다면, 누구나 아래와 같은 결론에 이르게 될 것이다. 즉, 인간 세상은 우연과 미혹迷惑의 왕국이며, 이 양자는 조금도 온정을 베풀지 않고 세계를 지배하고 통솔한다. 그리고 우매와 죄악을 수단으로 하여 언제나 회초리를 휘두르고 있다.

그러므로 혹시 인간 족속 중에서 선량한 자가 나타나도 많

은 위기를 거친 후에야 비로소 빛을 바라볼 수 있으며, 고귀하고 현명한 영감靈感은 외부에 작용하려고 하면 무수한 어려움을 겪게 마련이다.

그런데 한편에서는, 사상의 영역에서는 불합리와 오류가, 예술의 영역에서는 평범과 저속이, 실천의 면에서는 사악과 간계가 판을 치면서 위세를 부리는데도 거의 아무런 저항도 받지 않는다. 그리하여 뛰어난 사상과 저작著作은 마치 하늘에서 떨어진 별똥이나 되는 것처럼 간주하며, 하나의 예외요, 하나의 뜻밖의 불가사의한 고아로 푸대접을 받게 마련이다.

인간 개개인에 대해 생각해 보면, 한 생애의 역사는 어쩔 수 없이 반드시 패배자로서 낙인이 찍히게 마련이다. 왜냐하면, 끝장이 난 모든 생애는 재앙과 실패의 연속에 지나지 않기 때문이다. 누구나 이러한 상처를 숨기려고 하는 데 그것은 남에게 말해 보아도, 그들의 동정이나 연민을 일으키기는커녕, 그들에게 남의 재앙을 상기하여 자기의 위안으로 삼는 악마와 같은 만족을 주는 데 불과하다는 것을 알고 있으므로 그럴 수밖에 없다.

정직한 마음씨와 공정한 생각을 잊어버리지 않은 사람이라면 누구를 막론하고 생애의 종말이 가까워짐에 따라 인생

이라는 여로를 다시 걷기를 원치 않을 것이며, 오히려 절대적 허무를 그리워하게 될 것이다.

이렇게 무상하게 재빨리 지나가 버리는 삶 속에는 고정된 것이 하나도 없다. 무한한 고통도 영원한 즐거움도 없다. 따라서 한결같은 인상이나 오래가는 열성, 또는 한평생 변치 않는 결의도 있을 수 없으며, 모든 것이 시간의 흐름 속에 녹아 없어지고 만다.

시간의 분초, 작은 물질에 깃들어 있는 무수한 원자, 우리의 단편적인 행동 하나하나는 위대하고 용감한 모든 것을 황폐하게 만드는 치충齒忠들이다.

세계에는 진지하게 대할 만한 것이 하나도 없다. 숯제 먼지 구덩이나 다름없는데, 그럴 가치가 어디 있겠는가? 인생은 크고 작은 일을 막론하고 다만 잠시 존속되는 것으로 보아야 한다. 인생이 우리에게 무엇인가 약속하였다고 하더라도 이루어지지 않는 것이 상례이며, 설사 이루어졌다고 하더라도 우리에게 단지 그 소원의 대상이 얼마나 어처구니없는 것인가를 알려 줄 뿐이다.

우리를 기만하는 것은 희망이기도 하고 희망한 것이기도 하다. 인생이 우리에게 무엇인가 준 것이 있다면 그것은 도로 찾아갈 수 있어서 잠시 빌려주었을 뿐이다.

먼 곳에 있는 매력은 우리에게 낙원과 같은 그리움을 불러일으키지만, 막상 거기 이끌려 가보면 환상처럼 사라져 버린다. 다시 말하면, 행복은 언제나 미래가 아니면 과거 속에 있으며, 현재는 마치 햇살을 담뿍 받은 벌판에서 바라보는 한 조각 뜬구름처럼 앞뒤가 환히 비쳐 보이지만, 그 자체는 언제나 그림자를 비추고 있다.

그런데 인간은 오로지 현재에만 살고 있다. 그리고 현재는 불가불 과거 속으로 줄 달음질쳐 사라지고, 오직 그 결과가 나중의 현재 속에 회상될 뿐이다. 이것은 인간의 행위와 의지의 산물이지만, 어제의 생존은 오늘에 와서는 완전히 소멸하여 있다.

그리하여 정확한 이성의 눈으로 보면 이 과거가 즐거웠는지 혹은 괴로웠는지 하는 것은 전혀 문제가 되지 않는다.

현재는 우리가 그때그때 맞아들이는 동안에 어느새 도망

쳐서 차례로 과거 된다. 그리고 미래는 정확하지 못하며, 시간 선상에 지속하여 있지 않다.

물리학적으로 보행步行이란 그때그때 차단된 몰락이듯이, 육신의 생리적인 생활도 시시각각 연기되고 유예猶豫된 죽음이며, 정신 활동도 밤마다 권태를 물리치는 일에 불과한 것이다. 그리고 나중에는 으레 죽음이 승리를 차지하게 마련이다. 왜냐하면, 우리의 삶이라는 사실 자체가 죽음의 소유가 되어 있으며, 삶이란 죽음이 삼켜 버리기 전에 노리개로 삼고 있는 순간에 지나지 않기 때문이다.

우리는 비상한 관심을 두고, 여러모로 염려하면서 삶을 되도록 연장하려고 애쓴다. 그러나 그것은 아이들이 공중에 비눗방울을 내뿜을 때 그것이 나중에 터질 것을 알면서도 되도록 큼직하게 그리고 오래 가도록 하려고 애쓰는 것과 같다.

4 삶은 우리가 고역으로 갚아야 할 의무나 과업이다

삶이란 단지 즐거움을 누리라고 우리에게 보내진 선물이 아니다. 오히려 삶은 우리가 고역으로 갚아야 할 의무나 과업이다. 그러므로 크고 작은 일을 막론하고 거기에는 일반적인 불행, 그칠 줄 모르는 노고, 부단한 경쟁, 계속된 투쟁, 신심을 다 기울이는 긴장 속에서 어쩔 수 없이 수행하는 활동이 있을 뿐이다.

몇백만으로 헤아리는 인간들은 국민으로서 뭉쳐서 힘을 모아 공공의 복리를 누리려고 하는 한편, 각자 자기의 이득을

위해 움직이고 있는데, 공공의 복리를 위해서는 수천의 희생자가 생기기도 한다. 다시 말하면 이치에 맞지 않는 어떤 선입관이나 교활한 전략이 사람들을 싸움터로 몰아넣기도 하는데, 이 경우에 소수의 몇 사람의 터무니없는 발상을 합리화하거나 그들의 잘못을 은폐하기 위해 많은 사람이 피땀을 흘려야 한다.

그리고 평화 시에는 상공업이 발달하고 여러 가지 놀라운 발명을 하여 큰 선박이 해상을 자유로이 내왕하면서 세계의 여러 나라 곳곳에서 맛좋은 식료품을 실어 오는데, 항해하는 동안에 수천 명의 목숨이 풍랑을 만나 사라지기도 한다.

어떤 사람은 머리를 짜내고, 어떤 사람은 수족을 움직인다. 사람들은 각자 일을 하느라고 야단들인데, 참으로 가관이라 하지 않을 수 없다. 한데 이런 노력은 무엇을 위해서인가? 잠깐이나마 하루살이 같은 목숨을 위해 허덕이는 생활을 좀 더 연장하려는 것이다.

인간의 생애란 제일 행복한 경우라고 해야 단지 견디기 쉬울 정도의 불행과 비교적 가벼운 고통 속에 사는 것뿐이며, 걸핏하면 거기에 권태라는 고통이 대치된다. 그리고 다음에 하는 일은 인간을 생식하며 판에 박힌 생활을 되풀이하는 것

이다.

우리가 고뇌를 제거하려고 꾸준히 노력해도 얻는 것은 결국 고뇌의 형태를 변경한 데 지나지 않는다. 처음에 고뇌는 결핍과 부족과 물질적인 생활에 대한 염려라는 형태로 나타난다.

우리가 이 고뇌를 애써 쫓아버리면 그것은 곧 변모하여 여러 가지의 형태로 나타난다. 즉, 그것은 나이와 환경에 따라 성욕, 사랑, 질투, 선망羨望, 증오, 야심, 횡포, 탐욕, 질병 등으로 나타나는 것이다. 그리하여 만일 이것들이 벌써 침범해 들어갈 여지가 없게 되면, 그때에는 권태와 포만飽滿이라는 삭막한 회색 외투를 걸치고 나타난다.

그런데 이것을 물리치려면 악착같이 싸워나가야 한다. 그러나 악전고투한 끝에 이것을 물리쳐도 본래의 여러 가지 형태로 변화되어 나타나기 때문에 우리는 일을 처음부터 다시 시작하게 된다.

모든 생물이 숨을 돌이킬 새도 없이 고생하면서 살아가는 것은 삶을 안주시키려고 하기 때문이다. 한데 일단 그것이 이루어지면 벌써 거기에는 할 일이 없게 된다. 그리하여 인간이 다음에 해야 할 노력은, 삶의 무거운 짐을 덜어 그것을 느끼지 않도록 하는 일과 시간을 잡아먹는 일, 다시 말해서 권태에서 벗어나는 일이다.

인간은 일단 모든 물질적 및 정신적인 불행에서 벗어나 다른 무거운 짐을 모조리 제거해 버리면, 이번에는 자기 자신이 빈둥거리며 유희나 도락으로 세월을 보낸 과거의 일들을 다행하게 생각한다. 그런데 시간 여유란 그들이 악착같이 연장하려고 노력한 생존에서 얻은 잔액이다.

권태라는 해악은 무시할 수 없는 것으로, 여기 사로잡힌 자에게 통탄할 절망을 안겨 준다. 그리고 이 권태 때문에 본래 남을 아끼거나 위하는 마음이 매우 희박한 사람도 서로 이야기를 나누면서 어울리고 싶어 한다. 그러므로 권태는 사교적인 본능의 근원이라고 해도 무방하다. 그리고 국가는 이것을 하나의 공적인 재앙으로 보고 신중을 기해 은밀히 억제하려고 한다. 이 매질은 그 적수인 기아飢餓와 마찬가지로 사람을

분방芬芳하게 만든다.

대중에게는 빵과 함께 광대의 당나귀가 필요하다. 필다빌피어에는 한거閑居와 무위無爲를 처벌하는 가벼운 형법이 제정되어 있었는데 죄수에게 형벌로서 주어지던 권태는 참으로 무서운 것으로, 그것을 벗어나기 위해 자살한 죄수도 한두 사람이 아니었다고 한다.

궁핍은 하류층의 끊임없는 채찍이며, 권태는 상류층의 채찍이다. 그리고 일상생활에서는 일요일은 권태를 대표하고 나머지 6일은 궁핍을 대표한다.

우리의 생활은 마치 시계추처럼 번뇌와 권태 사이를 왔다 갔다 하고 있다. 이 양자는 사실상 인간 생활의 최종요소이다. 그리고 이와 같은 사실은 하나의 묘한 형태로 나타나 있다.

인간은 지옥에 대해 온갖 형벌과 고통이 가득한 곳이라고 말해 왔는데, 천국에 대해서는 권태 이외의 아무것도 묘사할 수 없었다.

5 인간은 생물 중에서도 가장 어처구니없는 존재다

인간은 생물 중에서도 제일 어처구니없는 존재다.

인간은 의지 이외의 아무것도 아니며 욕구의 육체화요, 그 덩어리에 불과하다. 그러므로 인간은 오직 자기 자신에게 의존하여 지상에서 살아가고 있으며, 자기 자신의 불행과 결핍과 곤궁의 해결 이외에는 아무것도 추구하지 않는다. 인간 생활에는 급한 요구에 시달리며 새로이 전개되는 삶의 고통이 가득 차 있다.

그리고 다른 면에서 인간을 괴롭히고 있는 것은 종족을 보

존하기 위한 제2의 본능, 곧 성욕이다. 그리하여 인간은 사랑으로부터 많은 재난의 위협을 받고 있으며, 이것을 피하려고 아무리 조심해도 피할 길이 없다. 불안한 발길을 옮겨 놓으면서 조심스러운 눈으로 주위를 살피며 바람직스럽지 못한 무수한 사건과 적을 앞에 두고 살아가는 것이 비참한 인간이다. 이런 현상은 미개한 야만인 지역이나 개화된 문명인들의 나라나 다를 것이 없다.

인생은 암초와 거센 물결이 굽이치는 바다와 같다. 인간은 여기서 좌우를 두루 살피면서 간신히 몸을 피해 나간다. 자기의 재능과 노력으로 그럭저럭 항로를 개척할 수 있다고 하더라도 앞으로 나갈수록 전혀 피할 수도 밀어낼 수도 없는 죽음이라는 난파 속에 가까이 다가가야 한다. 그리하여 죽음이 자기를 향해 정면으로 달음질쳐오는 줄 알고 있다. 죽음이란 실로 이렇게 노고가 많은 항해의 마지막 기착지로서 인간에게는 지금까지 피해 온 어느 암초보다도 고약한 것이다.

우리는 고통이 있는 것은 느끼지만 고통이 없는 것은 느끼지 못하고, 걱정은 느끼지만, 걱정이 없는 것은 느끼지 못하며, 두려움은 느끼지만 안전한 것은 느끼지 못한다.

우리는 욕구와 소망은 갈증의 경우처럼 느끼지만, 바라던

것을 실제로 손에 넣게 되면 그것의 매력은 갑자기 사라져 버린다. 마치 입안에 들어있는 음식물은 삼키자마자 아무 맛도 느끼지 못하게 되는 것과 같다.

인생의 3대 선이라고 이야기하는 건강과 청춘과 자유도 그것을 소유하고 있는 동안은 전혀 느끼지 못하고 있다가, 그것을 일단 잃은 후에야 비로소 느끼게 된다. 이 세 가지 것도 소극적인 선이기 때문이다.

행복한 나날을 보낼 때도 그 행복을 별로 의식하지 못하고 있다가 그것이 과거의 일이 되어버리고, 대신 불행이 찾아오면 그제야 그것을 상기하게 되는 것이다.

그리고 향락을 많이 누릴수록 거기에 대한 감각은 감퇴하여, 어떤 쾌락도 습관이 되면 아무것도 아니게 될뿐더러 오히려 그 쾌락 때문에 고통에 대한 감수성感受性이 증대되는 것이다. 그리고 쾌락에 젖어 살던 모든 습관이 제거되면, 거기 남는 것은 괴로움뿐이다.

시간은 즐겁고 재미있게 보낼수록 빨리 지나가 버리고 슬픔에 빠져 있을수록 더디 가는 법이다. 적극적인 것은 환락이 아니라 고통이다. 고통이 생길 때만 직접적인 실감을 느끼니 말이다.

권태는 우리에게 시간을 의식하게 하고, 유흥은 우리에게서 시간관념을 제거한다. 이것을 보더라도 우리의 삶은 느낌이 적을수록 더욱 행복하다는 것을 알 수 있다. 결국, 삶에서 벗어나는 것이 더욱 바람직하다는 것도 입증할 수 있다.

대개 큰 기쁨은 큰 불행에 선행하게 마련이며, 언제까지나 명랑하기만 한 즐거움을 만들어내는 능력은 이 세상의 아무에게도 없다. 인간이 할 수 있는 일이란 다만 자기 기분을 적당히 얼버무리는 것과 허망한 소망에 잠시 만족을 느껴보는 것뿐이다. 그래서 거의 모든 시인은 우선 그 주인공을 우수와 고뇌에 가득 찬 환경에 일단 방임하고 나중에 그들을 거기서 탈출케 하는 것이다.

희곡이나 서사시敍事詩에서도 많은 고난을 겪으면서 악착같이 싸워나가는 인간의 모습을 많이 묘사하고 있으며, 소설에서는 가련한 인간의 심리적인 갈등과 방황이 그려져 있다. 볼테르, 자연의 혜택을 많이 받은 볼테르도 이런 견지에서 다음과 같이 말하고 있다.

"행복은 꿈에 불과하며 고통만이 실제로 존재한다. 나는 팔십 평생을 두고 이 사실을 경험해왔다. 나는 이제 체념할 따름이다. 나는 나 자신에게 말하련다. '파리가 태어나는 것

은 거미에게 잡혀서 먹히기 위해서이며, 인간이 태어나는 것은 번뇌의 노예가 되기 위해서이다'라고."

개인의 한 생애는 일반적으로 보나 특수한 측면에서 보나 분명히 하나의 비극적인 존재로 생각되지만, 생애의 우여곡절을 세밀히 살펴보면 희극적인 설질도 띠고 있다. 하루의 소란과 고단함, 그때그때 끊임없이 일어나는 불쾌한 일, 거듭되는 소망과 두려움, 수시로 범하는 실수, 우리를 농락하기 위해 언제나 노려보고 있는 우연의 장난이 모든 것들은 분명히 희극적인 장면이다.

언제나 기만당하기 마련인 소원, 헛된 노력, 운명에 무참히 짓밟히는 희망, 한평생 따라다니는 저주스러운 미혹, 날로 더해 가는 고뇌, 최후의 타격인 죽음—여기서 영원한 비극이 일어난다.

게다가 운명은 우리의 삶에 절망을 안겨 줄 뿐만 아니라 비웃기까지 한다. 그리하여 우리의 생애에 비극적인 모든 불행이 가득 차게 할 뿐만 아니라 우리에게 적어도 비극의 주인공으로서의 존엄마저 제대로 유지할 수 없게 한다. 여기에

그치지 않고 우리는 평생의 대부분을 광대의 값싼 구실을 하고 있다.

대부분 인간의 생애가 외면상 얼마나 빈약한 의미를 지니며, 또 얼마나 절망적인 것인가? 그리고 내면적으로 볼 때는 얼마나 둔하고 어리석은가? 이것은 거의 믿을 수 없을 만큼 두려운 일이다.

인간은 다만 수난과 무기력, 그리고 동경과 비틀걸음으로 생애의 네 시기를 통하여 꿈을 되풀이하며 빈약하고 보잘것없는 생각을 가지고 죽음에 이른다. 마치 태엽에 감겨 돌고 도는 시계처럼, 세상에 한 인간이 태어날 적마다 인생의 시계는 태엽에 감겨, 낡은 기계의 가락이 귀에 들리지 않을 정도로 곡조를 달리하면서 돌아가기 시작한다.

개인과 그 용모, 그 생애는 오직 자연의 무수한 혼령과 집요하고 완고한 살려는 의지의 개별적인 허망한 꿈이요, 이 의지가 시간과 공간이라는 무한한 백지 위에 그려놓고 희롱하

는 한때의 그림이다. 그것은 눈이 아플 정도로 짧은 순간에 곧 사라져 버리며, 그 뒤에 또 다른 그림이 그려진다.

그런데 이런 인생에, 우리가 잘 생각해 보아야 하는 중대한 다른 일면이 있다. 즉, 줄기차고 맹목적인 삶의 의지는 이 개개의 희롱에 대한 보상으로서 많은 괴로움과 비통한 죽음—오랫동안 두려워하던 끝에 반드시 닥쳐오고야 마는—을 내야 한다는 것이다. 우리가 시체를 보고 엄숙해지는 것은 이 때문이다.

6 단테는 어디서 지옥의 표본과 이미지를 얻게 되었을까?

단테는 어디서 지옥의 표본과 이미지를 얻게 되었을까? 우리가 사는 이 세계 말고는 다른 것이 있을 수 없지 않은가? 그가 그린 지옥은 실로 그럴듯하다. 그런데 그가 천국과 그 즐거움을 그리려고 했을 때, 그는 어떻게 해야 좋을지 알 수 없는 난관에 부딪히고 말았다. 왜냐하면, 우리가 사는 세상에는 그곳과 비슷한 것이 전혀 없었기 때문이다.

그래서 단테는 천국의 즐거움을 그리기보다 자기가 거기서 얻어들은 조상이나 애인 베아트리체Partinari Beatrice 266~290. 이탈

리아 피렌체의 귀부인. 바르디의 아내로 단테의 <신곡>에 영원한 마음의 여성으로 묘사되어 있다

그리고 많은 성자의 교훈을 전하는 도리밖에 없었다. 이것으로 미루어보더라도 이 세계가 어떤 종류의 것인지 잘 알 수 있다.

이 세상의 지옥은 단테가 그린 지옥을 능가하며 인간은 각자 자기 이웃에 대해 마귀가 되어있다. 그리고 거기에는 모든 사람보다 뛰어난 마귀의 두목, 즉 정복자가 있다.

그리하여 수십 만의 인간을 두 파로 갈라놓고 서로 싸움을 붙이고는, 적에 대해 악전고투하다가 죽어가는 것이 너희들의 운명이므로 총과 대포를 쏘아대라고 외친다. 그러자 고맙게도 그들은 이에 순종한다.

만일 개개인에게, 앞날에 도사리고 있는 수없이 고약한 우환과 고난을 한눈에 보여 준다면 어떻게 될까? 사람들은 그 처참한 광경을 목격하고 놀라 자빠질 것이다. 그리고 아무리 완고한 낙천가라고 하더라도 그를 데리고 다니면서 일반 병원이나 외과 수술실, 노예의 거실, 전쟁터 중죄재판소 등을

보여 준다. 그리고 가난으로 말미암아 세상의 싸늘한 눈을 피해 숨어 사는 음침한 소굴이나 우고란이 굶어 죽었다는 성곽을 보여 주면 그는 이른바 세계에 있을 수 있는 가장 바람직한 것이 무엇인지 짐작이 갈 것이다.

우주에는 폭력이 횡행하고 있을 뿐인데, 우리는 일체를 선이라고 주장하는 근대 철학에 잘못 물들어 있다. 사실은 악이 모든 것을 더럽히고 있으며, 바른대로 말하면 일체가 악이다. 왜냐하면, 세상에는 있어야 할 자리에 있는 것이 하나도 없으니 말이다.

유혈의 황야인 이 세계는 수백 수천을 헤아리는 동물들의 생생한 무덤이 되었으며, 불안과 괴로움에 시달리는 생물들이 오직 서로 물어뜯기를 일삼으며, 모든 맹수는 무수한 생명을 삼키면서 연명하고 있다.

그리고 생물들이 이지理智가 발달할수록 괴로움에 대한 감각이 증진하며, 따라서 인간은 그 감각이 최고도로 발달해 있다.

낙천론자들은 이 세계를 자기들의 학설에 적응시켜 선천

적인 논증으로 가장 살기 좋은 곳이라고 주장하지만, 이것은 분명히 이치에 맞지 않는다. 어떤 사람은 나에게 말할 것이다. 눈을 들어 태양이 밝게 비치는 이 세계가 얼마나 아름다운가를 보라. 신과 계곡, 강물, 초목, 동물들을 찬미하라고.

그렇다면 이 세계는 마치 마법사의 초롱불과 같은 것인가? 하긴 그 광경은 보기만 해도 근사하다. 그러나 세상이 산이나 나무나 짐승으로 되어있는 그 자체는 문제가 되지 않는다. 낙천론자의 주장으로는 인간은 세계의 궁극적인 근원에서 창조된 것이라고 한다. 그들은 우주의 정묘한 조직을 찬양한다.

유성이 운행하다가 서로 부딪치는 일이 없고, 바다와 육지가 뒤죽박죽되지도 않고 서로 분명히 한계를 유지하고 있으며, 지상의 모든 것이 얼어붙지 않고 열에 녹아 버리지도 않으며, 적도의 경사면에서 언제나 봄이 지속하는 일도 없이 과일이 작 일어간다고 한다.

그러나 이것은 단지 없어서는 안 되는 조건에 불과하다. 다시 말해서 하나의 세계가 존속되려면, 그리고 그 유성이 영원히 존재하려면, 하나의 먼 항성에 빛이 거기 도달할 때까지라도 존재하려면, 혜성의 어린이처럼 낳자마자 곧 죽어 버리지 않으려면, 우주는 근본적으로 붕괴하게끔 서투르게 되어있

어서는 안 된다.

그런데 그처럼 찬미하여 마지않는 세공품인 세계에서 어떤 결과를 볼 수 있는가? 그처럼 견고하게 짜여 있는 무대 위에는 어떤 배역들이 돌아다니고 있는가? 우리 눈에 띄는 것은 괴로움이 감수성에 의존하고, 그것이 이지적일수록 강도가 심하며, 욕구와 고뇌가 같은 보조를 취하여 한이 없고, 나중에 남는 것은 비극이나 희극의 재료뿐이다.

그러므로 적어도 성실한 사람이라면 아무래도 낙천론의 "할렐루야!"를 합창할 엄두가 나지 않을 것이다.

만일 이 세계를 유일한 신이 창조했다면 나는 그런 신이 되라고 해도 되고 싶지 않을 것이다. 세계의 참상이 내 가슴을 찢을 터이니 말이다.

가령 마귀와 같은 창조주가 있었다면 우리는 그가 만든 것에 대해 이렇게 항의할 수 있을 것이다.

"그대는 어찌하여 고요하고 성스러운 안정을 세계에서 중

단시켰느뇨? 무엇 때문에 그런 무모한 일을 했느냐? 어쩌자고 그토록 많은 불행과 고뇌를 불러일으키려 하였느뇨?"

인생의 객관적인 가치를 두고 볼 때, 적어도 허무를 능가할 수 있는 것이 있을지 의문이다.

나는 이렇게 말하고 싶다. 만일 경험과 사려의 소리가 바르게 울려온다면, 허무 쪽이 더 우월하다고 말이다. 나는 이른바 영세永世가 무엇인지 모른다. 다만 이 세상에서 영위하는 삶은 값싼 희극이라고 할 수밖에 없다.

7 사람이 욕구를 갖는다는 것은 대단히 번거로운 일이다

욕구를 갖는다는 것은 번거로운 일이 아닐 수 없다. 그런데 우리가 세상을 살아간다는 것은 욕구를 갖게 됨을 의미한다. 그러므로 삶은 본질적으로 괴로운 일이다.

고귀한 생물일수록 더욱 불만을 느낀다. 인간의 생애는 삶을 위한 고달픈 투쟁이지만, 끝내 패망하고 만다는 것은 분명한 사실이다. 인생은 끊임없는 사냥이며, 우리는 거기서 포수가 되기도 하고 쫓기는 짐승이 되기도 하면서 서로 고기를 빼앗는다.

세계의 고통스러운 박물지博物誌라고 할 수 있다. 그것을 펼쳐보면 동기가 없는 욕망과 끝없는 고뇌와 투쟁과 죽음이 들어있다—가 세기에서 세기로 이어져 내려가며, 지구가 금이 가서 가루가 될 때까지 지속하는 것이다.

위에서 말한 바와 같이 고통을 적극적으로 우리에게 작용하는데 행복과 쾌락은 소극적으로 작용하므로, 어떤 사람의 한 생애가 행복했다는 것은 기쁨과 즐거움을 얼마나 누렸는가를 계산할 것이 아니라, 적극적인 고통을 얼마나 적게 느꼈느냐 하는 것이 척도가 되어야 할 것이다.

이렇게 볼 때, 동물이 인간보다 숙명적으로 한결 삶의 괴로움을 견디기 쉽게 되어있다는 것을 알 수 있다. 이제 우리는 이 양자를 상세히 생각해 보기로 하자.

인간의 행복과 불행은 매우 복잡한 형태로 나타난다. 그리하여 사람으로 하여금 때로는 그것들을 쫓게도 하고 때로는 놓치게도 한다. 그런데 이 여러 가지 행복과 불행은 사실상 육체적인 쾌락과 고통을 토대로 하고 있다.

그리고 이런 행복과 불행의 근본이 되는 것은 매우 단순하

다. 이를테면 건강, 식사, 추위와 습기로부터의 보호, 성욕의 충족, 또는 이 모든 것의 결핍에 불과한 것이다. 그러므로 인간도 육체적인 쾌락에서는 동물보다 더 많이 누리지 못하며, 다만 더욱 고도로 발달한 신경계통이 쾌락이나 고통에 대한 감수성을 강화하고 있는 것이 다를 뿐이다.

그런데 인간의 성욕은 동물과 비교하면 얼마나 격심한가! 물론 인간의 마음은 동물에 비하면 비교도 되지 않을 만큼 깊고 심한 동요를 가져오지만, 결과적으로 얻는 것이란 방금 말한 바와 같이 건강과 의·식·주 등에 불과한 것이다.

인간은 지나가 버린 일과 앞으로 다가올 일에 대해 생각하기 때문에 마음이 심히 흔들리고 불안과 두려움과 기대로 말미암아 쾌락과 고통이 실제로 줄 수 있는 느낌보다 훨씬 큰 영향을 주게 마련이지만, 동물은 언제나 실제의 쾌락이나 고통을 느낀다. 즉, 동물에게는 사려라는 고통의 축전기蓄電器가 없어서 인간의 경우와는 달리 기억이나 예측의 작용으로 위축되거나 하지 않는다.

그러므로 동물은 현재 느끼는 고통이 수백 수천 번 반복되어도 본래의 고통을 그대로 느끼는 데 그치며, 결코 적극적으로 느끼지 않는다. 동물들이 고통에 대해 부러울 정도로 침착

한 것은 그 때문이다.

그런데 인간은 사려思慮와 여기에 따르는 심리작용으로 말미암아 고락의 원질原質에서 행복과 불행이라는 승화된 감정이 나타나며, 그것이 더욱 증진되었을 때 분명히 드러나 때로는 미칠 듯한 환희에 사로잡히기도 하고, 반대로 자살에까지 이르는 절망에 빠지기도 한다.

이 점에 대해 더욱 상세히 말하면, 본래 인간이 욕구를 충족시키는 동물의 경우보다 약간의 곤란이 더 따를 뿐인데, 쾌락의 정도를 높이기 위해 일부터 욕구를 증대시켜 사치와 겉치레와 여기 따르는 미식美食, 담배, 아편, 술 등 많은 것을 만들어낸다.

그리고 이 사려로 말미암아 인간에게서만 찾아볼 수 있는 쾌락과 고통의 샘이 마련되며, 이 때문에 인간은 필요 이상으로, 아니 다른 행동을 거의 망각해서까지 이 샘에서 망상하는 모든 것을 퍼내려고 한다. 즉, 야심, 명예, 또는 치욕에 사로잡히며, 남이 자기를 어떻게 보느냐에 치중해서 행동하게 된다. 그리하여 대개는 기이한 형태로 행동의 목표가 세워지고, 육체적인 쾌락이나 고통을 도외시한 노력을 하게 마련이다.

인간은 물론 동물에게서는 찾아볼 수 없는 순수한 지적 쾌

락을 지니고 있을 것이다. (이 쾌락에는 여러 가지 단계가 있어, 가장 단순한 유희나 회화에서부터 최고의 정신 활동에 이르기까지 다양하다) 그러나 그 대신 고통으로서 권태라는 균등량均等量이 부여되어 있다.

이 권태는 자연이 준 본능에 따라 사는 동물들에게서는 찾아볼 수 없으며, 인간의 손에 의해 훈련된 가장 영리한 동물들이 약간 경험할 수 있을 정도이다. 인간에게는 그 권태가 마치 채찍과 같은 것으로, 그것에 얻어맞는 자들은 두뇌가 아니라 호주머니를 살찌게 하는 데만 골몰하는 속인들이다.

그들은 안락한 삶을 누리게 되면 그 삶 자체가 일종의 형벌이 되어 권태의 채찍에 시달리게 되므로, 여기에 벗어나려고 여기저기 명승지를 찾아 여행이라도 다니면서 세월을 보내는데, 그 모습은 한 곳에서 다른 곳을 찾아 구걸하러 다니는 거지와 다른 바 없다.

이처럼 인간의 삶은 궁핍과 권태로 양극을 이루고 있다. 그리고 인간의 성적 만족은 다른 동물들에게서는 찾아볼 수 없는 특수한 선택으로 이루어진다. 그리고 이 선택은 때때로 다채롭고 열렬한 연애에 빠지게 하는데, 이 점에 대해서는 〈의지와 표상으로서의 세계〉의 보충설명의 독립된 한 장에서 설

명했다. 그리하여 이 선택도 인간에게 긴 고통과 짧은 향락을 안겨주는 원인이 되는 것이다.

여기서 놀라운 것은 인간이 동물에게서는 볼 수 없는 사고의 힘을 갖고 있어서 모든 동물에게 공통된 고락苦樂이라는 협소한 터전 위에 행복, 불행이라는 높고 큰 건물을 세운다는 점이다. 이로 말미암아 인간의 마음은 심한 갈등을 일으켜 때로는 망상에 사로잡히기도 하며, 그 흔적이 얼굴에도 나타나기 마련이다. 그러나 나중에 실제로 손에 넣는 것은 동물이 소유하고 있는 것과 같은 것이다. 동물은 인간과는 비교도 되지 않을 만큼 약간의 노고를 지불하면 쾌락을 얻을 수 있다.

인간에게서는 쾌락보다 고통의 분량이 훨씬 많으며, 더구나 이것은 인간의 죽음을 알고 있으므로 몇 배 증대된다. 동물은 본능적으로 죽음을 피하려고 할 뿐, 죽음이 무엇인지 모르며, 따라서 마음속에 떠오르지도 않는다. 인간은 항상 죽음을 내다보고 있다.

그리고 동물은 자연사하는 경우가 매우 드물며, 자연사하는 동물이라 하더라도 다만 생식을 하는데 필요한 동안만 살다가 다른 것의 먹이가 되기 마련인데 인간의 경우에는 자연사가 당연시되어 있으며, 또 그러한 예가 허다하다. 이런 점

에서는 위에서 말한 이유로 하여 동물이 인간보다 한 걸음 앞섰다고 할 수 있겠다.

인간이 참으로 자연스러운 삶의 목적을 이룬다는 것은 동물의 경우처럼 방식이 반자연적이어서, 이 부자연스러운 노력과 의욕에서 비롯되는 종족 전체의 실질적인 퇴화가 앞에서 말한 목적 달성에 많은 지장을 주기 때문이다.

동물은 인간보다 훨씬 단순한 생활에 만족하고 있다. 그리고 식물의 경우에는 문자 그대로의 만족을 누리고 있다. 그런데 인간은 지적 수준이 얕을수록 삶에 더욱 만족을 느끼고 있다.

그리고 동물의 생존에는 인간보다 훨씬 적은 고통과 즐거움이 따른다. 그 이유는 그들이 한편으로는 불안과 거기에 따르는 괴로움을 모르고 살아가며, 참된 의미의 소망을 지니고 있지 않고, 머릿속에서 즐거운 미래를 예상하거나 거기에 수반되는 상상에서 오는 축복의 환영幻影—인간의 기쁨 대부분과 가장 큰 쾌락은 이 두 가지 원천에서 생긴다—에 사로잡히지 않으며, 따라서 이런 의미에서 희망을 품고 있지 않기 때문이다.

이것은 동물들의 의식이 직관하는 것에 한정되며, 따라서

현재에 국한되어 있기 때문이다. 요컨대 동물도 <구체화한 현재>이므로 직관적으로 나타난 사물에 대해서만 극도로 짧게 그리고 재빨리 두려움과 소망을 느낄 뿐이지만, 인간의 의식은 생애 전체를 포용할 만큼, 아니 그 이상으로 확대된다.

이런 면에서 동물과 인간을 비교해 보면, 현재를 마음 편히 아무 걱정 없이 즐길 수 있다는 점에서는 동물이 매우 현명하다. 그리하여 우리 인간은 때때로 동물들이 누리고 있는 마음의 평안을 보고 상상이나 불안에 시달리기 쉽고 만족을 누리지 못하는 자기 자신을 부끄럽게 생각할 때도 있는 것이다.

앞에서 말한 대로 우리가 소망과 기대에 대한 즐거움을 누릴 수 있다는 것은 결코 대가를 내지 않고 주어진 것은 아니다. 그러니까 우리가 이 소망이나 기대로 말미암아 어떤 즐거움을 미리 느끼게 되면, 그만큼 나중에 이루어진 즐거움에서 제외되며, 따라서 소망이나 기대 자체가 우리에게 만족을 주는 정도가 훨씬 줄어든다.

그러나 동물은 어떤 즐거움도 앞당겨 느끼는 일이 없고 이런 삭감을 당하지 않기 때문에 현재 나타난 즐거움을 실제 그대로 맛볼 수 있다. 그러므로 해악도 그들에게는 있는 그대로의 비중을 차지하지만, 인간은 공포와 기우, 해악의 예상으

로 말미암아 열 곱절의 비중을 차지하기 쉽다.

우리는 자기가 기르고 있는 가축을 바라보고 자기 자신과 그들을 비교하면서 즐거운 관찰을 할 수 있는데, 이것은 대체로 동물이 우리와는 달리 전적으로 현재에만 매여 있기 때문이다. 그러므로 그들은 현재가 구체화한 모습이라고 할 수 있다.

우리는 동물들이 그때그때 아무 걱정 없이 즐겁게 시간을 보내는 것을 보고 그들에게서 배울 점이 있다. 우리가 대체로 자기의 생각에 제약을 받아 이것을 간과해 버리는 것을 고려할 때, 그 존귀한 가치를 더욱 깨닫게 된다.

동물의 이와 같은 특성, 다시 말해서 우리보다 한층 더 오직 생존에만 만족을 느끼는 것은, 이기적이고 냉정한 인간에게 도용盜用되어 하나의 좋은 기화奇貨로 이용된다. 그들은 이런 인간으로부터 알몸뚱이 외의 아무것도 소유하지 못한 존재로밖에 대접을 받지 못하고 있다. 그리하여 인간은 지구의 절반을 날아다니는 새를 사방 한 자밖에 되지 않는 조롱 속에 가두어 기르고, 자기들의 가장 충실한 벗인 영리한 개를 쇠줄에 얽매여 둔다.

나는 이런 개를 볼 적마다 마음속으로 측은하게 여기면서,

한편 개 주인에게 격한 분노를 느끼게 된다.

내가 지금까지 즐거운 기억으로 머릿속에 간직하고 있는 것은 몇 해 전에《타임즈》에 게재된 사건으로, 거기에는 커다란 개를 쇠사슬에 매어둔 어떤 귀족이 어느 날 넓은 들 안은 거닐다가 문득 그 개를 어루만져 주고 싶은 생각이 일어나 개에게 손을 내밀었더니, 개는 그의 팔을 덥석 물어 버렸다는 것이다. 그럴 만도 하다. 아마도 개는 주인에게 이렇게 말하고 싶었을 것이다.

"당신은 나의 주인이 아니라 나의 악마에 불과하다. 당신은 내 짧은 생애를 생지옥으로 만들었으니까."

개를 쇠사슬에 매어두는 자는 이런 봉변을 당해도 싸다.

8 인간이 동물보다 고통이 많은 것은 인식능력이 높기 때문이다

나는 앞에서 인간에게 동물보다 고통이 더 많은 것은 인식능력이 높기 때문이라는 사실을 살펴보았는데, 여기서는 이 점을 일반적인 법칙으로 삼고 더욱더 광범위한 관점에서 생각해 보겠다.

인식 자체에는 언제나 고통이 있을 수 없다. 고통은 오직 의지에 의존하며, 의지가 저해 당하거나 차단될 때 생기는데, 이 경우에 그 장애가 인식되어야 한다. 다시 말해서 햇살이 공간을 비추는 것은 거기 물체가 있어서 햇빛을 반사하기 때

문이며, 소리는 공기나 물 같은 매질의 진동을 통해 멀리까지 들린다.

그러므로 주위에 아무것도 없는 산꼭대기에서는 약하게 들린다. 노랫소리도 야외에서는 충분히 고음을 낼 수 없는 것처럼 우리의 의지가 훼방을 받으면 고통스럽게 느끼게 되는 것은 거기 인식이 따르기 때문이다. 다만 방금 말한 대로 인식 자체는 일체의 외로움과 관계가 없다.

그러므로 육체의 고통을 느끼려면 신경이 있어야 한다, 손끝 하나를 다쳤을 때는 그 상처에서 뇌에 이르는 신경이 끊겨 있거나, 또는 뇌가 상하여 기능을 잃으면 고통을 전혀 느끼지 못한다. 그리고 죽어가는 사람이 의식을 상실하면, 그 후에 여러 가지 경련痙攣을 일으켜도 우리는 그 사람에게 통증이 없는 것으로 알고 있다.

그러니 의식적인 고통은 인식을 근거로 하고 있다는 것을 분명히 알 수 있으며, 전자가 후자의 정도에 따라 느낌이 달라진다는 것은 쉽사리 알 수 있다. 이 점에 대해서는 이미 언급했으며, 또 〈의지와 표상의 세계〉(56장)에서도 상세히 설명했다. 그러므로 이 점에 대해 아래와 같이 말할 수 있다. 즉, 의지는 거문고 줄絃이고, 그 차단은 진동, 인식은 전향반傳響

盤, 고통은 소리이다. 라고.

그러므로 무기물은 물론이고 식물까지도 고통을 느끼는 일이 거의 없지만, 그 의지가 저해를 받는 경우도 얼마든지 있는 것이다. 이와는 달리 모든 동물은, 보잘것없는 벌레에 이르기까지 고통을 느낀다. 아무리 미약한 인식이라도 아무튼 인식하고 있다는 것은 동물의 고유한 특징이다.

동물의 유기적인 단계가 높아져서 인식이 발달할수록 고통을 느끼는 정도도 증대하여 간다. 그러므로 최하급의 동물은 고통을 매우 약하게 느낀다. 가령 곤충들은 다리가 떨어지고 내장 일부가 붙어 있어도 곧잘 끌고 돌아다니면서 먹이를 찾아 먹는다.

고등동물도 개념과 사례가 결핍되어 있으므로 실제로 느끼는 고통은 인간에 비하면 현저히 약하며, 그것이 최고도에 달하는 것은 이성과 사례에 의해 의지의 기각棄却이 이루어지는 경우이다. 만일 이것이 불가능하다면 고통을 느낀다는 것은 말할 수 없이 참혹한 일이다.

이 세계에서, 특히 인간사회에서 이루어지는 현상의 특징

은 내가 이따금 주장한 바와 같이 불완전하기보다 오히려 잘못되어 있다는 것—도덕적인 면에서나 지적인 면이나 형이하학적인 면에서나 모두가 일그러지고 비뚤어져 있다는 것이다.

인간은 때때로 자기의 그릇된 행동에 대하여 그것은 인간에게 자연스러운 일이라는 변명을 하는데, 이것은 충분한 변명이 될 수 없으며, 이에 대해 다음과 같이 반박할 수 있다. 즉, '그 행동은 악하므로 자연스럽고, 자연스럽기에 악하다'는 이 말을 올바로 이해하려면, 우선 원죄에 관한 가르침부터 알아야 한다.

우리가 어떤 개인에게 도덕적인 비판을 하려면, 언제나 다음과 같은 견지에 확고히 서 있어야 한다. 즉, 인간의 근본 소질은 전혀 있을 수 없는 죄 많은 일, 흉악하고 도리에 어긋나는 일, 그 때문에 죽음이라는 운명에 떨어진 것으로 인정하는 일이며, 이 악의 기본 성격은 누구나 타인이 세밀히 관찰하는 것을 원치 않는 사실에도 나타나 있다.

이런 인간이라는 족속의 생물에게서 무엇을 기대할 수 있단 말인가. 이런 견지에 서게 되면, 우리는 어떤 사람에 대해서도 좀 더 너그럽게 대하게 되고, 그에게 숨어있는 악마가

언제 깨어나 눈을 비비면서 나타나더라도 조금도 놀지 않는다. 그리고 그에게 지력知力이나 그 밖의 것을 원천으로 하여 하나의 선이 나타나면, 그 가치에 대해 더욱더 타당한 평가를 할 수 있을 것이다.

다음으로 그의 입장도 고려하여 이 세상은 주로 궁핍하게 살아가게 마련인 곳이며, 또한 때때로 비극과 고뇌로 시달리는 곳이므로, 거기서 각자 삶을 지속하기 위해 바둥대며 싸워나가기 마련이며, 따라서 웃는 얼굴만 보일 수만은 없게 되어 있다는 것도 아울러 계산에 넣어야 할 것이다.

그런데 이와 반대로 낙천적인 종교와 철학이 주장하는 바와 같이 인간은 유일한 신이 창조한 것으로, 모든 의미에서 마땅히 그렇게 존재해야 하고, 또 현재 있는 그대로의 존재여야 한다면 누구든지 잠깐 쳐다보기만 해도 용모부터가 전혀 다르게 보여야 하며, 나아가서는 상대방을 세밀히 관찰하거나 계속해서 교제해 보더라도 그는 인간으로서 전혀 다른 존재로 인정되어야 한다.

"용서는 모든 인간에게 해당하는 말이다." 이는 셰익스피어의 〈심벨린〉에 나오는 말이다. 우리는 인간의 모든 어리석음과 잘못과 해악에 대하여 너그러워야 하며, 우리의 눈으로

보고 있는 이런 현상들은 실상 우리 자신이 지닌 우매요, 죄과요, 또한 사악邪惡함을 염두에 두고야 한다.

다시 말해서 우리에게 있는 이런 인간적인 결함은 우리가 공유共有하고 있으며, 우리가 현재 분개를 금치 못하는 타인의 악 역시 우리 자신 속에 깃들어 있다. 다만 그것이 현재 드러나지 않고 깊숙이 숨어있을 뿐이다. 그러므로 어떤 유인誘因만 생기면 타인이 저지르는 죄악과 마찬가지로 외부에 드러나게 마련이다.

다만 어떤 사람에게는 이 악이 나타나 있고, 다른 사람에게는 저 악이 농후하게 나타나는 현상은 있을 수 있으며, 또 고약한 성질이 어떤 사람에게는 남보다 훨씬 많다는 것도 부인할 수 없는 사실이다. 개성의 차이는 헤아릴 수 없이 다양하기 때문이다.

Chapter 6

철학적 사색을 낳은 죽음에 대하여

쇼펜하우어
인생 편의점

1 인간에게 죽음이 없었다면 철학적인 사색은 없었을 것이다

죽음은 영감을 받아들이는 정령, 철학은 주재하는 신…… 인간에게 죽음이 없었던들, 철학적인 사색을 하는 일은 없었을 것이다.

삶과 죽음은 모두 생존에 속한다. 양자는 서로 의지하여 이것이 저것의 조건이 되어 인생의 모든 현상에 두 극단을 이루고 있다.

가장 우수한 인도의 신화에 이 사실을 상징적으로 표현하여, 미래를 투시하는 눈을 가졌다는 파괴의 신인 시바는 죽은

자의 해골을 목걸이로 만들어 걸고 생식生殖을 나타내는 영감을 휴대하고 있다. 즉, 사랑은 죽음을 보충하며, 이 양자는 서로 중화하고 또 서로 상극相剋을 이룬다.

그리하여 그리스인과 로마인은 죽은 자를 위해 값진 석관石棺을 마련하고, 그 조각에 주연이나 무도, 혼례, 사냥, 짐승들의 싸움이나 술의 신인 디오니소스를 모시는 제사인 디오니소스제의 소란 등, 한마디로 말해서 가장 즐거움에 충만하고 활동적이고 긴장된 삶의 이모저모를 표현했으며, 때로는 많은 남녀가 음락淫樂에 빠진 장면이나 아타르 신이 양羊과 교미하는 모습도 그리고 있다. 그들은 비통한 심정으로 매장하는 개인의 죽음과 자연의 영원불멸한 생명을 대조시켜 앞으로 효과적인 방법으로 살아남은 자들을 위안하려고 했다.

죽음은 음락을 즐기는 성교를 통하여 결합한 매듭이 처참하게 풀리고 인간의 생존에 따르는 근본적인 미궁迷宮이 송두리째 파괴되는 커다란 환멸이다.

대다수 사람이 지닌 개성은 의외와 가치가 적고, 측은하기 짝이 없는 것이므로, 그들이 죽음에서 잃어버린 아무것도 있을 수 없다. 그들에게 무슨 참된 가치가 있다면, 그것은 모든 사람에게 공통된 인류의 특질이며, 이 특질은 개인의 죽음에 의해 침해되는 일이 없다.

영원한 생존은 인류에 대해 분명히 기대되는 것으로, 결코 개인에게 기대되지는 않는다. 개체로서의 인간에게 영원한 생존이 주어지더라도, 그 성격은 불변하고 그 지능은 좁으므로, 이런 개체로서 살아가기가 오히려 적막하고 단조로운 삶에 염증을 느껴, 차라리 거기에서 벗어나기 위해 스스로 목숨을 끊고 허무를 택하게 될 것이다.

개체의 불멸을 원하는 것은 하나의 혼미昏迷를 영원히 지속시키려는 것과 마찬가지이다. 그 이유는 개성은 또 하나의 특수한 혼미와 잘못, 그러니까 존재해서도 안 되는 것으로, 삶의 진정한 목적은 우리가 거기서 해탈하게 하는 데 있기 때문이다.

이에 대한 충분한 실증實證은, 대부분 인간, 아니 모든 인간은 자기가 꿈꾸는 어떤 세계에 옮겨 살게 되더라도 절대로

행복할 수 없게 되어있다는 것이다. 만일 그것이 불행과 고난이 없는 세계라면 그들은 권태의 포로가 되어버릴 것이며, 그리고 이 권태에서 벗어날 수 있다면 그 정도에 따라 불행이나 고민에 빠지게 된다.

그러므로 인간이 행복을 누리게 하려면, 더 나은 좋은 세계로 그들을 옮기는 데 그쳐서는 충분하지 못하며, 반드시 그들을 송두리째 개조하여 지금의 인간이 아닌 전혀 다른 존재가 되어야 한다.

그렇게 되면 인간은 필연적으로 오늘날 사는 모습과도 전혀 다를 것이며, 죽음은 그 예비적인 단계가 될 터이므로, 이런 견지에서 보면 죽음은 도덕적인 필요성이 있다고 보아야 할 것이다. 또한, 인간이 하나의 다른 세계로 옮겨진다는 것과 자기 자신을 완전히 개조한다는 것과 근본적으로 같다.

죽음이란 개인적인 의식에 종말을 가져오는 것을 의미한다. 그러므로 이 의식이 죽은 후에도 다시 점화點火되어 무한히 존속되리라는 소망은 부당한 것이다. 설사 그렇게 되더라도 영원히 지속하는 그 의식내용은 무엇이겠는가? 빈약하고 하찮고 비속한 사고와 많은 걱정 이외의 아무도 아닐 것이다.

그러므로 개체의 의식은 죽음으로 일단락이 나서 영원히

끝장을 보아야 할 것이다. 모든 생활기능의 움직임이 그치는 것은 그것을 유지해 나가고 있는 힘에 대해서도 분명히 부담을 덜어주는 것이라고 나는 생각한다. 이렇게 생각할 때 비로소 죽은 자들의 얼굴에 깊은 안식이 깃들어 있는 까닭을 이해할 수 있을 것이다.

2 자연은 삶과 죽음 사이에 본질적으로 차이가 없다

인간의 이런 한 토막 꿈같은 생애에 비하면, 그 앞뒤에 놓인 무수한 시간의 기나긴 밤은 얼마나 무한한 것일까? 가을에 곤충의 세계를 살펴보면, 어떤 놈은 오랜 동면에 대비하여 잠자리를 마련하고, 어떤 놈은 그냥 한겨울을 지내고 봄이 돌아오면 다시 먼저대로 재생되기 위해 껍질을 만들지만, 대부분 곤충은 죽음의 팔에 안겨 영원히 잠들기 위해, 적당한 곳에 알을 낳는 것으로 만족하고, 이 알로 말미암아 다시 새로운 벌레로 재생되려고 한다.

이것은 모두가 자연이 주는 불멸의 가르침이 아니겠는가. 즉, 자연은 이렇게 해서 삶과 죽음 사이에 본질적으로 차이가 없다는 것과 그 어느 한쪽만이 유독 삶을 위태롭게 하는 것이 아님을 보여 주고 있다.

곤충이 애써 둥지나 구멍이나 굴을 만들어 봄이 되면 태어날 유충幼蟲을 위해 먹이를 장만하면 안심하고 죽어가는 것은, 마치 인간이 밤이 되면 다음 날을 위해 옷과 아침 식사를 준비해놓고 편히 잠드는 것과 비슷하다.

그리고 만일 곤충이 스스로, 또는 본성에 의해 늦가을에 사멸하는 것이(마치 잠자리에 드는 인간과 눈뜬 인간이 같은 것처럼) 봄이 되어 태어나는 유충과 같다면, 이런 사후의 준비는 하지 않을 것이다.

여러분이 기르는 개를 보라. 얼마나 태연스럽게 살아가고 있는가. 그 개가 세상에 출산하기 전에 몇천만 마리의 개가 죽어갔지만, 이 사실은 조금도 개의 관념을 손상할 수 없고, 조금도 수심에 잠기지 않는다.

당신들의 개는 그처럼 무심히, 마치 오늘이 개로서 마지막

날이나 되는 것처럼 활기 있게 살아가고 있다. 그 눈에는 개로서의 영원한 본체가 빛나고 있다.

그렇다면 수천 년 동안에 걸쳐 죽음이 멸망시킨 것은 무엇이겠는가? 그것은 분명히 개가 아니다. 개는 당신의 눈앞에 아무 손상도 입지 않고 앉아 있지 않은가. 다시 말해서 죽음의 손에 멸망된 것은, 그것의 형상뿐이다. 그리고 우리의 한정된 빈약한 인식능력은 시간 속에서 그 그림자와 이 형상을 의식하고 있을 따름이다.

자기가 죽은 다음의 일에 대해 형이상학적인 위안을 받을 수 없는 사람도 물질이 연속한다는 사실을 생각해 보면 그것으로 해서 어떤 불멸관不滅觀을 얻어, 어느 정도의 위안을 느낄 수 있을 것이다. 그러나 사람들은 이렇게 중얼거릴지 모른다.

"무엇이라구? 한갓 티끌이나 물질 따위가 영속한다고? 인간의 영생이란 고작해야 이런 거란 말인가?"

"잠깐만, 당신들은 그 티끌에 대해 얼마나 알고 있는가? 티끌이 무엇인가? 그리고 그 티끌이 무엇을 할 수 있다고 보는

가? 티끌을 무시하기 전에 티끌이 무엇인지 알아야지. 티끌이나 재에 불과한 물질은 이윽고 물에 녹아서 결정結晶이 되기도 하고, 또는 금속金屬과 섞여 빛을 내기도 하며, 전광電光을 비추기도 하고, 자력磁力으로서의 위력을 나타내기도 하며…… 혹은 식물이나 동물도 되고 나중에는 그 불가사의한 품 안에서 당신의 협소한 정신이 두려워하고 고민하는 인간의 생명까지도 탄생하는 것이다. 이와 같은 물질의 존속은 과연 아무 의미도 없는 것일까?"

3 아, 미련한 나뭇잎이여! 너는 어디로 가느냐?

죽음과 삶이라는 유희遊戲보다 더 큰 승부가 어디 있겠는가? 우리 눈에는 모든 것이 생사에 관련된 것으로 보이기 때문에 극도로 긴장하여 불안한 마음으로 이 개개인의 승부를 주시한다.

그러나 이와 반대로 절대 에누리가 없고, 언제나 솔직하고 개방적인 자연은 여기에 대해 전혀 색다른 의미를 가르쳐 주고 있다. 다시 말해서 자연은 개체의 삶과 죽음이 자기에게 조금도 관심이 없다고 언명言明하고 있다. 그 증거로는 동물

이나 인간의 생명을 사소한 우연의 농락에 맡겨, 죽어가도 거들떠보지 않는다.

당신이 걸어가고 있는 길바닥을 기어가고 있는 벌레를 보라. 당신의 발길이 무심코 한 발자국만 어긋나면 그 벌레의 생사를 결정해 버린다. 또 나뭇가지에 달라붙어 있는 달팽이를 보라. 도망칠 수도 없고 몸을 막을 수도, 거처를 속일 수도 숨을 수도 없는 모든 강적의 희생이 되어있는 것이다.

그런가 하면 물고기는 우리가 손으로 움켜잡을 수 있는 개울에서 유유히 꼬리를 치고 있지 않은가. 몸집이 둔하여 도망칠 수도 피할 수도 없는 두꺼비며, 높은 하늘에서 솔개가 노리고 있는 것도 모르는 새 새끼와 산림 속에서 늑대에게 발각된 산양, 이 모든 희생은 연약하고 무기가 없이 시시각각으로 닥쳐오는 위험을 눈앞에 두고서도 무심히 걸어 다니고 있다.

이처럼 자연은 그 매우 정교한 피조물인 유기체가 대항할 힘이 없는 알몸으로 버려둔 채 보다 더 강한 자의 밥이 되게 할 뿐만 아니라, 맹목적인 우발사건, 다시 말해서 길을 지나가는 바보나 아이들의 희롱에 맡겨두고 있다. 거기서 자연은 이 생물들이 사멸하여도 자기로서는 아무 영향도 받지 않으며, 그 죽음은 자기에게 무의미할뿐더러 그 삶이라는 원인도

죽음이라는 결과도 자기는 아랑곳하지 않는다고 자명自明하고도 분명히 말하고 있다.

이처럼 자연이라는 우주의 어머니는 아무 생각도 없이 자신이 낳은 자식을 무수한 위험과 고난 앞에 나서려 드는데, 그것은 결국 그들이 죽더라도 자기 품으로 다시 돌아올 뿐이며, 그들의 죽음은 처음에 태어난 곳으로 돌아가는 유희, 다시 말해서 하나의 조그마한 손장난에 불과하다는 것을 알고 있기 때문이다.

그런데 지금 여기서 동물에 대하여 말한 것은 인간에게도 그대로 해당한다. 즉, 자연의 그 위엄이 우리들 인간에게 미치고 있어, 삶과 죽음은 자연에 전혀 파격을 주지 않는다. 그러므로 우리도 그 때문에 상심할 필요는 없는 것이다. 우리도 자연 일부니까.

개체의 죽음에 대해서는 고찰했으니 이번에는 인류라는 종족에게로 눈을 돌려 보자. 우리 앞에 가로놓인 아득한 미래를 바라보고, 앞으로 나타날 허다한 세대 속에 우리와는 풍속이나 습관이 다른 무수한 개인이 나타날 것을 생각할 때 자

연히 다음과 같은 의문을 품게 된다.

"그들은 대체 어디서 오는가? 그리고 그들은 지금 어디에 있는가? 세계를 잉태하고 미래의 여러 세대를 숨겨 두고 있는 허무의 태반胎盤—그 풍요한 원천은 어디 있는가?"

이 질문에 대해서는 그저 웃으면서 이렇게 대답하면 된다.

"그것은 다만 모든 실재實在가 있는 곳, 그리고 있을 수 있는 곳, 현재의 속, 즉 현재가 거느리고 있는 사물 속이다. 그러니까 당신 속, 바보 같은 질문을 던지고 있는 당신 자신 속이기도 한 것이 아니겠는가. 다만 너는 자기 자신의 본성을 잊어버리고, 마치 가을에 나뭇잎이 말라서 땅에 떨어지는 것을 보고 슬퍼만 하며, 봄이 되면 그 나무가 초록빛 새 단장을 하는 것을 생각하여 위로로 삼지 않고 '그 나뭇잎은 내 것이 아니다. 내 것과는 아주 다른 것이다.' 하며 서글퍼 하는 것과 다름없다."

아, 미련한 나뭇잎이여! 너는 어디로 가느냐? 그리고 다른 잎사귀들은 어디서 오는가? 네가 두려워하는 허무의 심연은 어디 있는가? 너는 차라리 자기 자신이 이 나무속에 숨어서 끊임없이 작용하고 활동하는 힘 속에 깃들어 있다는 것을 인식하고, 이 힘은 모든 나뭇잎의 세대를 통하여 생사에 구애받

지 않음을 깨달아야 할 것이다.

인간의 세대에 대해서나 나뭇잎의 세대에 대해서 똑같은 말을 할 수 있지 않을까?